지구가
멸망하면
어쩌죠?

10 Steps to Change: How to Manage Your Eco-Anxiety
written by Anouchka Grose and illustrated by Lauriane Bohémier
10 Steps to Change: How to Manage Your Eco-Anxiety © 2023 Lucky Cat Publishing Ltd

Text © 2023 Anouchka Grose
Illustrations © 2023 Lauriane Bohémier
First published in 2023 in the UK by Magic Cat Publishing Ltd
All rights reserved.
Korean translation rights © 2024 Blue Bicycle Publishing Co.
Korean translation rights are arranged with Lucky Cat Publishing Limited
through AMO Agency Korea.

이 책의 한국어판 저작권은 AMO 에이전시를 통해 저작권자와 독점 계약한 파란자전거에 있습니다.
저작권법에 의해 한국 내에서 보호를 받는 저작물이므로 무단 전재와 무단 복제를 금합니다.

기후 불안감을 극복하는 10가지 생각
## 지구가 멸망하면 어쩌죠?

**초판 1쇄 발행** 2024년 1월 25일 ＼**초판 2쇄 발행** 2024년 8월 20일
**글쓴이** 아누슈카 그로스 ＼**그린이** 로리안 보헤미에
**옮긴이** 김아영 ＼**도움글** 기후변화청년단체GEYK

**펴낸이** 이영선
**편집** 이일규 김선정 김문정 김종훈 이민재 이헌정
**디자인** 김회량 위수연
**독자본부** 김일신 손미경 정혜영 김연수 김민수 박정래 김인환
**펴낸곳** 파란자전거 ＼**출판등록** 1999년 9월 17일(제406-2005-000048호)
**주소** 경기도 파주시 광인사길 217(파주출판도시) ＼**전화** (031)955-7470 ＼**팩스** (031)955-7469
**홈페이지** www.paja.co.kr ＼**이메일** booksea21@hanmail.net

ISBN 979-11-92308-46-3   73300

**파란자전거**는 도서출판 서해문집의 어린이 책 브랜드입니다. 페달을 밟아야 똑바로 나아가는 자전거처럼 파란자전거는 어린이와 청소년이 혼자 힘으로도 바르게 설 수 있도록 도와줍니다.

어린이제품안전특별법에 의한 제품 표시
**제조자명** 파란자전거 ＼**제조년월** 2024년 8월 ＼**제조국** 대한민국 ＼**사용연령** 11세 이상 어린이 제품
▲ **주의** 책의 모서리가 날카로우니 던지거나 떨어뜨려 다치지 않도록 주의하세요.
KC 마크는 이 제품이 공통안전기준에 적합하였음을 의미합니다.

슬기로운 사회생활 006

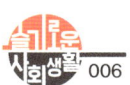

기후 불안감을 극복하는 10가지 생각

# 지구가 멸망하면 어쩌죠?

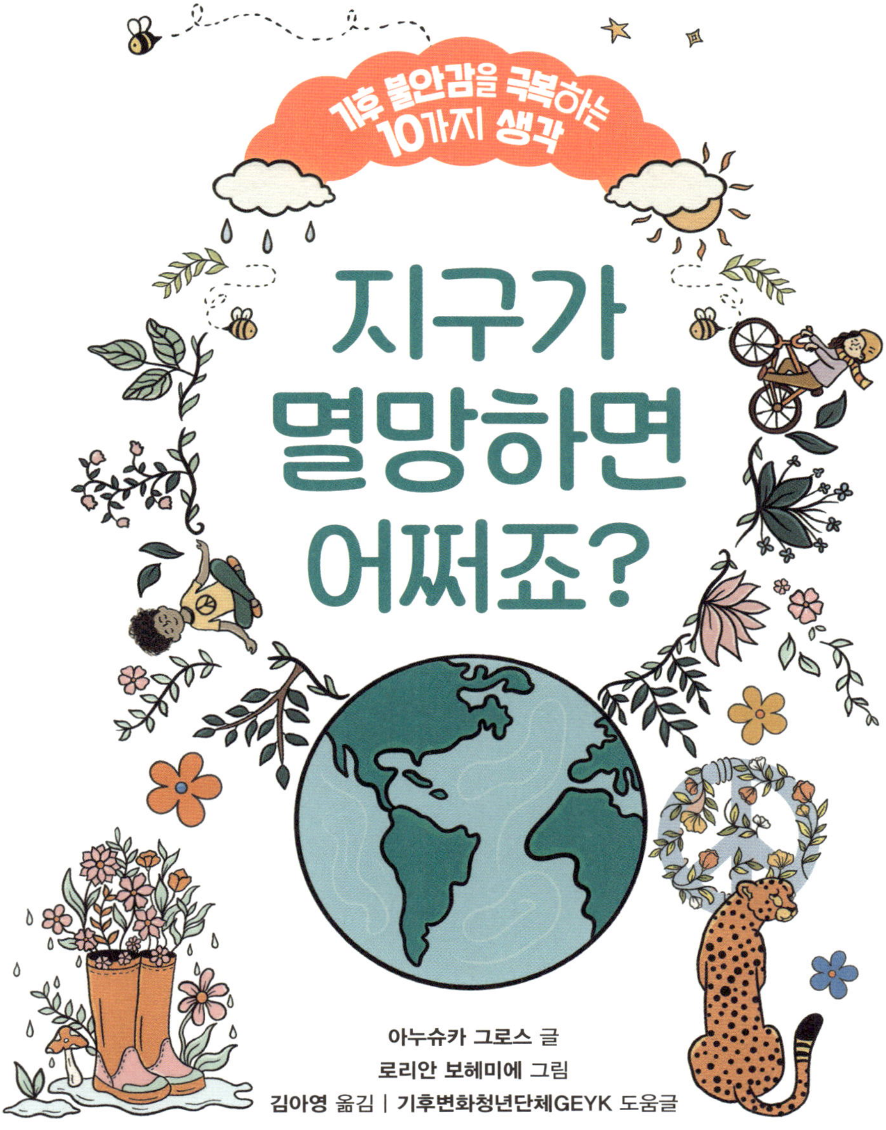

아누슈카 그로스 글
로리안 보헤미에 그림
김아영 옮김 | 기후변화청년단체GEYK 도움글

파란자전거

추천의 말

## 불안은 행동의 원동력입니다

　책이나 학습을 통해 기후 변화를 접한 사람들이 최근 그 위력을 지켜보며, 두려움과 공포에 휩싸이는 경우가 점점 늘고 있습니다. 너무 더운 여름, 너무 추운 겨울, 가뭄, 홍수, 태풍 등 날씨 변화뿐만 아니라 양상추가 비싸서 양상추 없는 햄버거를 먹고, 11월까지도 모기가 날아다니는 현상을 보면서 우리가 지금까지 누리던 일상과는 분명 다르다고 생각하죠. 이제 우리 일상은 기후 변화로 조금씩 변하고 있는 게 사실이니까요. 어떤 변화든 처음 맞닥뜨릴 때

는 걱정과 불안이 따르기 마련입니다. 그러나 걱정과 불안, 두려움을 딛고 한발 더 나아가기 위해서는 변화를 정면으로 마주할 필요가 있습니다.

이 질문은 학생들이 제게 직접 물은 내용입니다. 저 역시 스스로 비슷한 질문을 종종 하고 기후 변화로 닥칠 위협에 두려워하고 걱정도 합니다. 이러한 두려움과 걱정은 우리가 기후 위기를 진지

하게 마주해야 한다는 메시지라고 생각합니다.

위험이나 변화가 닥쳤을 때 우리는 이에 대한 걱정과 불안을 바탕으로 대비할 수 있고, 더 나은 삶을 추구할 수 있습니다. 그러나 이러한 불안과 걱정이 지나쳐서 해소되지 않는다면, 오히려 걱정에 잠식되어 아무것도 하지 않고 무력감에 빠지게 됩니다. 나 혼자만 불안하다는 생각, 할 수 있는 게 없다는 생각, 아무것도 바꿀 수 없다는 생각으로 말이죠. 기후 위기에 대한 불안감을 인정하고, 스스로를 돌보며 불안감을 행동력으로 대체할 수 있는 현명한 도움과 방법이 필요합니다. 그러나 아직 우리나라에서는 기후 불안, 기후 우울 등 기후 변화로 발생하는 심리적인 문제에 대해 잘 알지 못합니다. 물론 대중적 인식 역시 형성되지 않은 상태고요. 그러다 보니 자연스럽게 관련 논의와 정보도 부족한 상태죠.

《지구가 멸망하면 어쩌죠?》는 수많은 어린이, 혹은 청소년이 느끼는 기후 불안감을 행동할 수 있는 원동력으로 바꾸는 데 도움을 줍니다. 우선 여러분 혼자 불안감을 느끼는 것이 아니며, 이 현상은 지극히 자연스러운 감정이란 걸 인지할 수 있습니다. 왜 우리

가 불안을 느끼는지에 대해 알고 나면 이를 극복하기 위한 용기를 얻을 수 있죠. 불안을 어떤 행동으로 옮길 수 있을지 다양한 방법이 소개되어 있으니, 누구든 불안에서 앞으로 나아갈 힘을 얻을 수 있습니다. 여러분은 기후 불안을 극복하고, 기후 위기에 대처할 수 있다는 희망과 다른 여러 사람과 기후 행동에 나서겠다는 열정을 품을 수 있을 것입니다.

    위기는 기회로 변할 수 있고, 이를 통해 우리는 기후 위기를 극복할 수 있는 미래 세대로 거듭날 수 있습니다. 여러분뿐만 아니라 전 세계에 있는 수많은 어린이와 청소년도 비슷한 감정을 겪고 있다는 것에서 위로를 얻고, 가족과 가까운 친구부터 시작해 점점 연대를 확장해 나가기를 소망합니다.

기후변화청년단체GEYK(긱)
김지윤

## 차례

추천의 말
**불안은 행동의 원동력입니다** · 4

글쓴이의 말
**기후 불안감을 이겨 낼 여러분, 반갑습니다!** · 10

**프롤로그**  기후 불안감이 뭐예요? · 14

**하나**  **감정 들여다보기** · 20
 **차근차근 해 봐요!** 기후 불안감을 가라앉히는 마음챙김 수행법 · 28
　　　　　　　　감정을 받아들이고 존중해요 · 30

**둘**  **머릿속 목소리에 반박하기** · 32
 **차근차근 해 봐요!** 내면의 비판자에게 정중하게 말해요 · 40
　　　　　　　　내면의 비판자를 누그러뜨리는 법 · 42

**셋**  **행동하기 위한 나만의 방식 찾기** · 44
 **차근차근 해 봐요!** 기후 불안감을 행동으로 바꾸는 법 · 52
　　　　　　　　나에게 꼭 맞는 길을 찾아요 · 54

**넷**  **정보의 바다에서 균형 잡기** · 56
 **차근차근 해 봐요!** 기후 변화를 제대로 배워요 · 64
　　　　　　　　확고한 낙관주의에 날개 달아 주기 · 66

**다섯** **몸과 마음의 힘 회복하기** · 68

  **차근차근 해 봐요!** 내가 할 수 있는 친환경 활동을 찾아요 · 76
  　　　　　　　　　몸과 마음의 힘 기르는 법 · 78

**여섯** **할 수 있는 일 실천하기** · 80

  **차근차근 해 봐요!** 다큐멘터리로 새로운 지식 쌓기 · 88
  　　　　　　　　　기후 행동 동아리를 만들어 봐요 · 90

**일곱** **공동체에서 마음 맞는 사람 찾기** · 92

  **차근차근 해 봐요!** 기후 공동체에 대해 알아봐요 · 100
  　　　　　　　　　귀 기울여 듣는 법 · 102

**여덟** **회복 탄력성 기르기** · 104

  **차근차근 해 봐요!** 이런 사고방식은 버려요 · 112
  　　　　　　　　　회복 탄력성을 구성하는 다섯 가지 기둥 · 114

**아홉** **자기 돌봄 실천하기** · 116

  **차근차근 해 봐요!** 내게 딱 맞는 자기 돌봄 활동 찾기 · 124
  　　　　　　　　　나만의 특성을 길러요 · 126

**열** **자연과 교감하기** · 128

  **차근차근 해 봐요!** 자연과 교감하는 법 · 136
  　　　　　　　　　오감으로 오롯이 느껴 봐요 · 138

**에필로그** 이제, 여러분에게 기후 불안감이란 무엇인가요? · 140

알아 두면 유익한 단어들 · 146
기후 위기 이해에 도움이 되는 자료들 · 148

### 글쓴이의 말

## 기후 불안감을 이겨 낼 여러분, 반갑습니다!

저는 아누슈카입니다. 심리분석가죠. 저는 하루 종일 사람들이 어떤 생각을 하고 어떤 기분을 느끼는지 얘기하는 걸 듣는 일을 합니다. 특히 슬픔, 분노, 두려움을 느끼게 하는 상황에 관한 얘기를 들어요. 어린이와 청소년부터 노인에 이르기까지 모든 연령대 사람들이 저를 찾아와요. 인터넷 덕분에 전 세계 곳곳에 있는 사람들과 일하기도 합니다. 요즘 들어 점점 많은 사람이 지구의 미래가 걱정된다며 이렇게 말하더군요.

 이런 걱정을 하는 사람들은 "걱정하지 마, 괜찮을 거야."라는 말을 가장 듣기 싫어해요. 이따금 친구나 가족이 이런 말을 하면 걱정하는 사람들은 "으아아아아아악!" 소리치거나 "다들 그렇게 생각한다면 우린 모두 망하고 말 거야!"라고 대답하겠죠.

 기후 변화를 걱정하는 사람들은 자신이 느끼는 두려움을 다른 사람이 진지하게 받아들이기를 원해요. 기후 변화를 걱정하는 사람이 더 늘면 좋은 일이지만, 마찬가지로 마음의 안정을 느낄 수도 있어야 해요. 기후 위기에 짓눌리지 않고 일상을 누리는 동시에, 지구에서의 삶이 현재 진행형인 기적이라는 사실을 꼭 기억해야 합니

다. 이 사실 때문에 지구를 보호하고 싶은 거니까요.

　《지구가 멸망하면 어쩌죠?》는 제가 기후 불안감을 느끼는 사람들과 일하면서 얻은 교훈을 모아 엮은 책입니다. 지구를 보호하는 데 가장 앞장설 사람들을 돌보기 위해서요. 이 책을 읽으면서 기분이 조금이라도 나아지길 바랍니다. 제가 문제를 없앨 수는 없지만 과학자와 기후활동가는 어떻게 불안감을 극복하는지, 기후 변화를 가장 먼저 겪는 국가에 사는 사람들에게 어떤 방법이 도움이 되었는지 알려 줄 수 있으니까요. 그리고 제게 도움이 된 방법도요. 이제부터 기후 불안감을 마주하는 열 가지 준비 과정과, 불안하고 우울한 생각과 감정을 극복하기 위한 구체적인 방법을 소개할게요.

　여러분이 혼자가 아니라는 사실을 명심하세요. 여러분이 느끼는 두려움에 대해 말하고, 지구를 구하기 위해 여러분이 할 수 있는 일이 매우 많다는 사실을 아는 것은 정말 중요하답니다.

**만약 여러분이 기후 불안감을 느낀다면, 진심으로 축하합니다!
불안감을 날려 버리기 위한 여행 중
이미 절반은 지나고 있는 셈이니까요.**

세계 곳곳에서 지구를 지키기 위해
애쓰는 모든 사람을 위해
**아누슈카 그로스**

한 번에 친절한 행동 하나씩,
누구든 세상을 바꾸고 싶은 사람을 위해
**로리안 보헤미에**

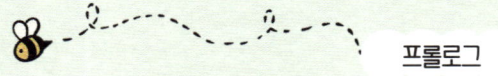

프롤로그

# 기후 불안감이 뭐예요?

기후 불안감은 기후 변화가 현재 그리고 미래 환경에 미칠 나쁜 영향에 대해 매우 심하게 걱정하는 감정이에요. 이게 정신 질환이 아니라는 사실을 여러분이 꼭 알았으면 해요. **오히려 정반대라고 할 수 있어요. 기후 불안감은 실제로 존재하는 문제에 대한 합리적인 반응이거든요.**

지구 환경을 보호해야 한다는 사람들 중에는 '기후 불안감'이라는 용어가 옳은지 의문을 제기하는 사람도 있어요. 마치 병원에서 치료받아야 하는 불안 장애처럼 느껴지기 때문이죠. 사회에서 일어날지도 모를 상황에 두려움을 느끼는 '사회 불안 장애'나 소중한 사람을 잃을지도 모른다는 두려움을 느끼는 '분리 불안 장애'처럼요.

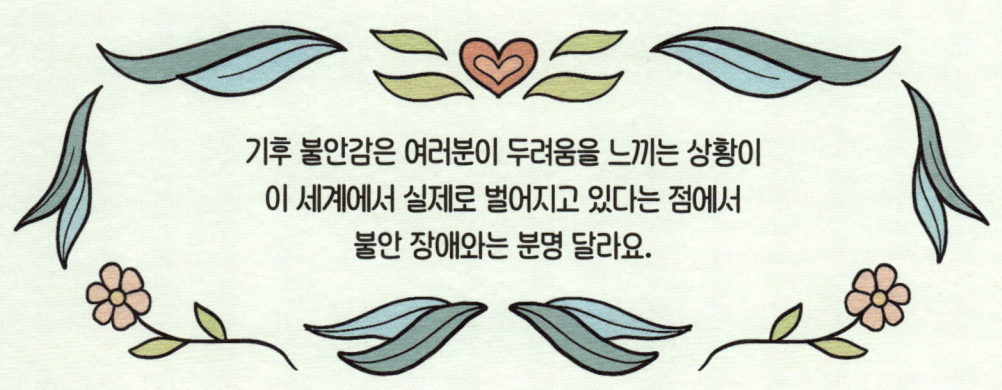

기후 불안감은 여러분이 두려움을 느끼는 상황이 이 세계에서 실제로 벌어지고 있다는 점에서 불안 장애와는 분명 달라요.

그래서 '기후 변화에 따른 슬픔', '환경 트라우마', '환경 죄책감', '기후 변화에 따른 괴로움'과 같은 단어를 사용합니다. 이런 단어는 쓸데없이 불안해한다는 인상을 주지 않는다는 장점이 있어요. 게다가 슬픔, 분노, 부끄러움 혹은 회피처럼 다양한 감정을 담아낼 여지도 생기고요.

어떤 용어를 선택하든 중요한 건 한 가지예요. 분노부터 걱정에 이르는 다양한 감정 중 지금 느끼는 감정은 결코 여러분 혼자 느끼는 게 아니라는 사실이에요. 여러분이 느끼는 모든 감정은 분명히 정상이고, 너무 당연합니다. 앞으로 이런 감정을 어떻게 다뤄야 하는지 살펴볼게요.

### 기후 불안감은 어떤 사람이 느끼나요?

**누구든, 모든 사람이 느낄 수 있답니다!** 나이가 적든 나이가 많든, 부자든 가난하든, 도시에 살든 농촌에 살든, 아무런 상관이 없어요. 자신이 기후 불안감을 느낀다는 사실을 의식하지 못하는 사람도 있어요. 이런 사람들은 어쩌면 가족을 먹여 살리느라 너무 바빠서 깊이 생각할 겨를이 없을지도 모르죠. 아니면 기후 불안감을 느끼지 않는 척하고 있을지도 모르고요. 어느 쪽이든, 아무리 생각하지 않으려 애써도 지구가 위험에 처해 있다는 사실을 모른 척하기는 점점 어려워지고 있어요.

기후 불안감은 새로운 개념이 아니에요. 1970년대부터 이미 사람들 입에 오르내렸어요. 그 무렵 과학자와 환경운동가는 석탄과 석유 같은 화석 연료가 지구에 미치는 피해에 대해 경고했어요. 하지만 당시에는 기후 변화가 먼 미래의 일처럼 보였을 테고, 과학자와 환경운동가는 사람들이 자기네 말을 충분히 귀담아듣지 않는다고 느꼈대요. 심지어 몇몇 정치인과 기업가는 열렬한 환경운동가를 '나무나 껴안는 멍청이들'이라면서 별것 아닌 일처럼 여겼대요. 이제 와 돌이켜 보면 멍청한 사람들은 바로 정치인과 기업가였죠!

오늘날 기후 불안감을 느끼는 사람은 점점 늘고 있어요. 누구나 뉴스를 통해 기후 변화가 실제로 어떤 영향을 미치는지 알 수 있으니까요. 여러분도 텔

레비전, 소셜 미디어, 잡지, 신문을 통해 이런 소식을 들어 봤을 거예요. 어떤 할머니 할아버지는 더 빨리 행동에 나서지 못한 것을 아쉬워하고, 어떤 젊은이는 미래를 생각하면서 질겁하기도 해요. **분명한 사실은 우리 모두가 함께 이런 기분을 느낀다는 거예요.**

## 기후 불안감을 느끼는 게 정상인가요?

굳이 정상과 비정상을 따지자면, 정상입니다. 그러나 감정은 맞고 틀리고의 문제가 아니에요. 기후 불안감도 모든 사람이 똑같이 느끼지는 않아요. 사람은 제각각 달라서 똑같은 생각이나 사건도 다양한 방식으로 표현하죠. 특히 기후 변화는 매우 덥거나 매우 추운 기후에서 더 두드러져요. 중위도에 사는 사람들은 앞으로 다가올 기후 변화를 걱정하지만, 극지방이나 적도 가까이 사는 사람들에게는 눈앞에서 벌어지고 있는 현상인 셈이죠. 북극에 위치한 그린란드와 적도 가까이 위치한 필리핀에 사는 사람들은 서로 정반대 기후 지역에 살아요. 이 두 국가는 극단적인 기후 때문에 기후 변화의 영향을 크게 받고 있어요. 그린란드에서는 얼음이 녹고 있고, 필리핀에서는 태풍이 자주 지나가죠.

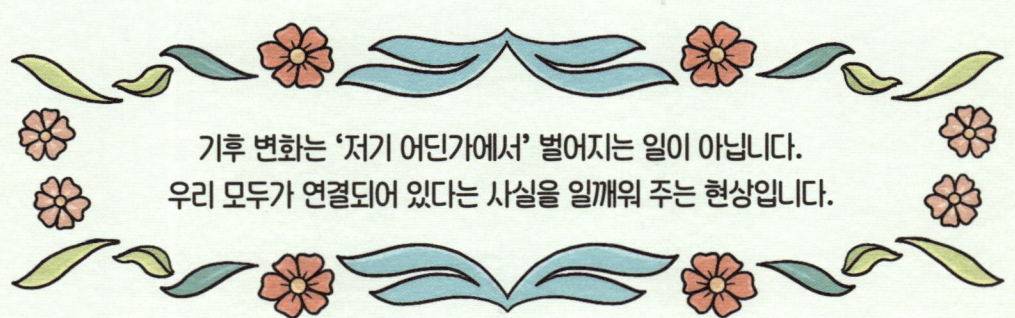

기후 변화는 '저기 어딘가에서' 벌어지는 일이 아닙니다.
우리 모두가 연결되어 있다는 사실을 일깨워 주는 현상입니다.

우리가 할 수 있는 가장 중요한 행동은 우리 자신을, 서로를, 그리고 지구를 돌보는 일입니다. 이 세 가지를 모두 해야 한다는 걸 기억해야만 합니다. 우리 자신을 돌보지 않는다면 다른 어떤 것도 돌볼 수 없을 테니까요. 그러니, **기후 불안감에 대처하기 위해 가장 먼저 해야 할 일은 잠깐 숨을 돌려도 괜찮다는 사실을 기억하는 겁니다.** 어떤 사람들은 가만히 앉아서 심호흡하기도 해요. 또 어떤 사람들은 머리를 식히려고 책을 읽거나 영화를 보기도 하고요. 어쩌면 여러분은 달리기를 하거나, 춤을 추거나, 노래를 부르거나, 그림을 그리거나, 실없는 농담을 하는 걸 좋아할지도 모르겠네요. 그렇게 해서 여러분의 기분이 나아진다면, 행동으로 옮기세요! 여러분이 어리다고 가르치려 드는 게 아닙니다. 해양생물학자와 환경 정의 변호사도 자신의 기분을 더 좋게 하려고 노력해요. 그리고 저와 같은 심리분석가도 마찬가지죠!

## 하나
# 감정 들여다보기

**기후 위기를 생각하면 어떤 기분이 드나요?
전전긍긍하게 되나요? 화가 나나요?
두렵나요? 죄책감이 들거나 슬픈가요?**

어쩌면 이런 감정을 따로따로 느끼거나 동시에 느낄 수 있어요. 누군가가 기후 위기에 대해 뭐라고 말했는지, 뉴스에서 기후 위기를 어떻게 다뤘는지에 따라 느끼는 감정도 기분도 달라질 수 있어요. 이런 감정들은 끔찍하지만, 이렇게 느끼는 사람이 여러분만은 아니라는 사실을 꼭 기억하세요.

## 이따금 감정이 무엇인지 판단하기가 어려워요

감정은 생각일까요, 감각일까요? 아니면 그 사이에 있는 무언가일까요? 때때로 감정은 세상에서 벌어지고 있는 사건 때문에 생기기도 하고, 이따금 우리 내면 깊은 곳에서 갑작스럽게 폭발하기도 해요. 한 가지 확실한 사실은 감정을 통제하기가 무척 어렵다는 점이랍니다. 기후 불안감은 마치 영영 사라지지 않을 듯하다는 측면에서 정말이지 끔찍하게 느껴질 수 있어요.

많은 사람이 기후 불안감을 느낄 때도 있고 느끼지 않을 때도 있어요. 오랫동안 지속되는 감정은 아니죠. 인간의 몸은 긴급 상황이 오래도록 지속되면 견딜 수 없기 때문이에요.

| 기후 불안감의 정신적 신호 | 기후 불안감의 신체적 신호 |
| --- | --- |
| 생각을 통제할 수 없다. | 속이 울렁이거나 어지럽다. |
| 파멸을 피할 수 없다는 느낌이 든다. | 숨이 차다. |
| 브레인 포그(머리에 안개가 낀 듯 멍한 느낌이 지속되며, 다양한 증상이 나타나요.) | 심장이 빠르게 뛴다. |
| | 머리가 아프다. |
| 미래에 사로잡혀 현재를 잊는다. | 온몸에서 식은땀이 난다. |

 감정을 다루기 까다로운 이유는 각각의 감정을 완전히 분리해 내기가 어렵기 때문이에요. 처음에는 슬픈 기분이 들었다가 화가 나더니 화가 났다는 사실에 죄책감이 밀려오고 나중에는 내가 느낀 슬픔, 분노, 죄책감에 불안감이 들 수도 있거든요. 누군가 여러분에게 무슨 일이냐고 물을 때쯤에는 머릿속이 온통 뒤죽박죽이라 대체 뭐라고 말하면 좋을지 알 수 없는 상태일지도 몰라요. 그래서 그냥 "흠!" 하고 말거나 아무런 대답도 못 하게 된답니다.

비록 그 감정이 불편한 감정일지라도
어떤 감정이든 느껴도 괜찮다는 사실을 명심하세요.

그런 다음에는 어떻게 해야 하는지 알아볼까요? 종종 감정을 느끼거나 드러내서는 안 된다는 생각이 들 때가 있어요. 여러분이 속상하다는 걸 드러내자마자 응원하는 사람이 있는가 하면, 철딱서니 없이 굴지 말라고 말하는 사람도 있을 거예요. 하지만 감정은 절대로 철딱서니 없는 게 아니랍니다. 오히려 감정은 대개 무척 영리하죠.

우리가 느끼는 기후 불안감은 우리에게 무언가가 잘못되고 있음을 일깨워 줍니다. 어떤 사람들은 자신이 느끼는 감정을 억누르고 무슨 일이 벌어지고 있는지 인정하기를 거부하는 식으로 대처하기도 해요. 또 다른 사람들은 모든 게 다 해결되리라고 되뇌기도 하죠. 정치인이 기후 위기에 대처하기 위해 노력하고 있고, 설령 실패하더라도 첨단 기술이 우리를 구원해 주리라고 말이에요. 우리가 느끼는 감정을 억누르는 게 감정으로 인한 고통을 완화할 수 있는 가장 좋은 해결책인 듯 여길 때가 많아요. 마치 유일한 해결책처럼 보이죠. 그리고 감정으로부터 도망치면 고통이 누그러든다는 생각은 무척 그럴싸해 보여요. 그런데 이렇게 다루기 어려운 감정에 귀를 기울이고, 이런 감정을 적극적으로 받아들이면 어떨까요?

같은 가족 구성원이라도 혹은 친한 친구끼리라도 똑같은 일에 서로 다른 방식으로 대처하듯, 모두가 각자의 방식으로 기후 위기에 대처하고 있어요. 서로의 생각, 감정, 반응을 이해할 수 없을 때 논쟁이 벌어지죠. 다른 사람이 기후 위기에 대처하는 방식이 나와는 다를 수 있음을 염두에 두면 서로를 이해하는 데 도움이 돼요. 누군가가 자신의 감정을 부정하는 듯 보인다면, 그건 감정에 대처하는 그 사람만의 방식인 거죠. 그렇다고 여러분도 그렇게 행동할 필요는 없어요. 만약 기후 불안감에 시달리고 있다면, 여러분 마음이 여러분을 달아나지 못하도록 붙들어 매고 있기 때문이랍니다.

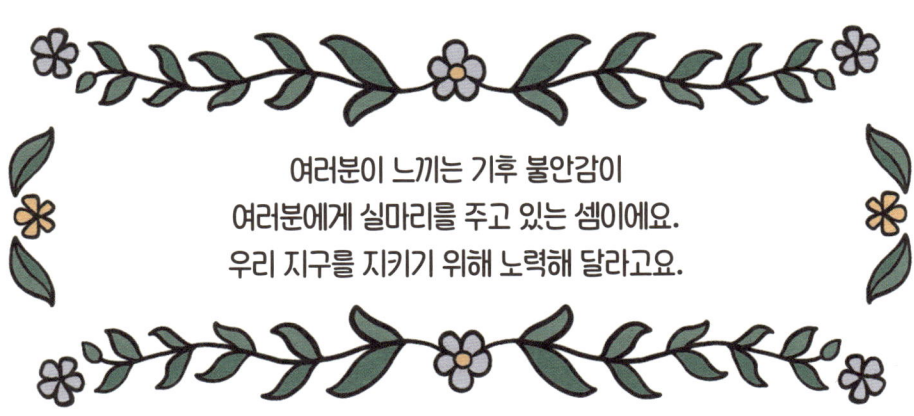

여러분이 느끼는 기후 불안감이
여러분에게 실마리를 주고 있는 셈이에요.
우리 지구를 지키기 위해 노력해 달라고요.

기후 위기에 대해 여러분이 느끼는 감정은 잘못되지 않았어요.

게다가 그런 기분은 여러분을 움직여요. 문제 해결을 위해 노력하도록 말이죠. 자신을 너무 가혹하게 대하지 마세요. 여러분이 느끼는 감정에 자부심을 가져도 된답니다. 오늘날 세계가 겪는 상황에 대해 충분한 정보를 습득하고 있고, 공감 능력이 있는 사람이라는 뜻이니까요. 우리는 여러분의 기후 불안감을 없애기 위해 노력하려는 게 아닙니다. 대신 이 기후 불안감을 환경 연민, 기후 위기 이해심, 기후 행동, 환경 결의라고 생각하도록 도우려고 해요. 기후 걱정가에서 기후활동가로 거듭나는 것은 어쩌면 작은 차이일지도 모르지만, 기후활동가가 되려면 기후와 환경을 걱정하는 일부터 시작해야 한답니다!

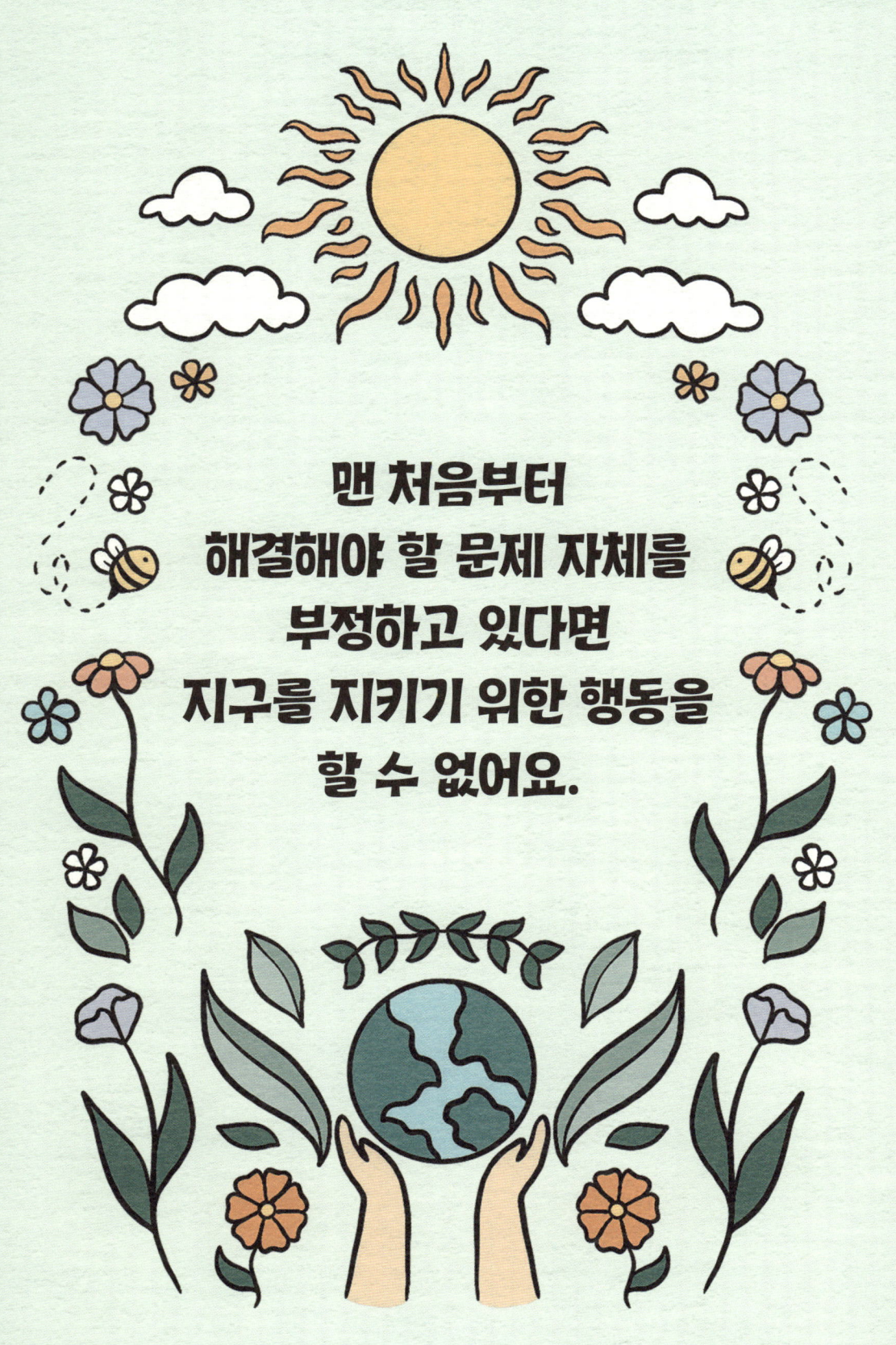

차근차근 해 봐요!

# 기후 불안감을 가라앉히는
# 마음챙김 수행법

**즐거움을 주는 것들에 집중하기**

기후 불안감이 행동에 나서도록 하는 데 도움이 된다는 말은 사실이에요. 하지만 지구를 보전하는 데 있어 삶에 대한 사랑 또한 훌륭한 동기 부여가 된다는 것도 사실이랍니다. 그러니 여러분이 아끼는 대상에게 시간을 쏟아 보세요. 그러면 한층 더 환경을 생각하고 아끼는 사람으로 거듭날 수 있답니다.

**믿음직한 사람과 이야기 나누기**

부정적인 감정을 혼자 헤쳐 나가기란 정말로 힘든 일이에요. 여러분 얘기에 귀를 기울여 주고 마음 편히 대화할 수 있는 사람과 이야기를 나눠 보세요. 단둘이 있을 만한 시간을 고르거나, 속상한 일에 대해 진지한 얘기를 하고 싶다고 먼저 말해 보세요.

### 스스로에게 다정해지기

변화를 일으키기 위해 기후활동가 그레타 툰베리가 될 필요는 없어요. 아마 그레타 툰베리도 항상 '기후활동가 그레타 툰베리'는 아닐걸요! 완벽한 사람은 없어요. 그리고 여러분이 걱정한다는 사실은 최고의 기후활동가가 될 여정에 첫발을 내디뎠다는 증거랍니다.

### 기후 변화에 대해 알아보기

크든 작든 변화를 일으키기 위해 무엇을 할 수 있는지 알아보세요. 당장 문제가 되는 상황에 대해 알아봄으로써 미지의 대상에 대한 공포를 누그러뜨릴 수 있는 경우가 많답니다. 어쨌든 아는 게 힘이니까요.

### 신체 언어에 귀 기울이기

다음번에 뉴스를 볼 때 심장이 빨리 뛰는 게 느껴지거나 손바닥에 땀이 흥건히 고인다면 이렇게 해 보세요.
자신의 상태를 살피며 "고맙다, 내 몸. 이 세상이 얼마나 소중한지 새삼 일깨워 줘서. 부디 내가 지금 할 수 있는 최선을 다하고 있다고 믿어 줘."라고 말해 보세요.

차근차근 해 봐요!

## 감정을 받아들이고 존중해요

**1. 기후 불안감 인정하기**

정신적이든 신체적이든 기후 불안감이 덮쳐 올 때마다 떠올려 보세요. 실제로 발생한 문제에 대한 완벽하게 이성적인 반응이라는 사실을요. 기후 불안감은 여러분 생각과 감정이 잘 조율돼 있다는 신호랍니다.

**2. 부인하지 않기**

이미 알고 있는 것을 모를 수는 없어요. 일단 문제가 있다는 사실을 인정했다면 그때부터는 앞으로 나아가는 일뿐입니다. 어떤 사람들을 보면 인정하지 않는 일을 썩 잘하는 듯 보여요. 하지만 이미 기후 불안감을 느끼는 우리 같은 사람에게 인정하지 않고 '부인한다'는 선택지는 존재하지 않아요. 어쩔 수 없죠!

### 3. 감정에 힘입어 행동하기

감정을 인정하는 게 첫 번째 단계라면, 행동하는 게 두 번째 단계입니다. 행동하지 않는다면 감정을 인정하는 게 무슨 소용이겠어요. 그렇다고 당장 행동하라는 뜻은 아니에요. 어쩌면 이미 행동하고 있었을지도 모르고요. 더 많이 행동해야 한다는 압박을 받기보다는 지금까지 해 온 행동을 떠올려 보는 것도 좋답니다.

### 4. 굳은 의지를 갖고 실천하기

'가능한 한 책임감 있고 지속 가능한 방식으로 살기'처럼 현실적인 목표를 세우면 그 목표를 달성할 확률이 높아요. 목표를 너무 높게 세우면 실패할 확률도 높고, 중간에 그만둘 수도 있어요. 가끔 벌어지는 일탈이나 실수는 눈감을 줄도 알아야 해요. 완벽한 기후활동가가 될 수는 없으니까요!

### 5. 다른 사람에게 인내심 갖기

기후 위기에 무관심한 사람을 보면 짜증이 솟구치기 쉬워요. 나와 의견이 다르다고 해서 상대방을 깔본다면, 상대방의 사고방식을 바꾸도록 설득하기 어려울 거예요. 하지만 배려하며 대화한다면 생각의 변화를 이끌어 낼 수 있을지도 몰라요.

둘

# 머릿속 목소리에 반박하기

우리 모두 머릿속에서 떠드는 목소리가 있어요.
여러분의 목소리는 무슨 말을 하나요?
제 머릿속 목소리는 종종
"대체 이걸 해서 뭘 어쩌겠다는 거야?"라고 한답니다.

심리학 용어로 머릿속에서 들려오는 목소리를 '내적 언어'라고 해요. 내적 언어는 우리 자신의 삶을 마치 다큐멘터리 내레이터처럼 설명한답니다. 꼭 자신과 대화를 나누듯 말이에요. 나 자신과의 대화는 정상적인 행동이에요. 하지만 가끔 내적 언어가 부정적인 말을 하거나 내면의 비판자가 되기도 하죠. 이런 일이 벌어졌을 때 대처하는 힘을 길러야 해요.

# 머릿속 목소리,
# 누구의 목소리일까요?

우리 머릿속에서 들려오는 목소리는 이상하게도 내면에서 비롯했는지 외부에서 비롯했는지 정확하게 구분하기 어려워요. 한편으로는 다름 아닌 우리 자신이 하는 생각이라고 볼 수 있어요. 그렇다면 우리가 이런 생각을 하도록 가르쳐 준 건 누구일까요? 이 세상에는 생각과 의견이 끊임없이 쏟아지고, 우리 마음은 자연스럽게 어느 한쪽으로 기울어 다른 것에는 관심을 두지 않곤 하죠. 하지만 우리 생각과 의견은 여전히 바뀔 여지가 있어요. 주변 사람들이 기후 변화에 개의치 않는 듯 보인다면, 그들의 의견 일부를 마치 내 의견인 양 여기게 될 수 있죠. 이따금 우리는 머릿속에서 아주 사적인 논쟁을 벌이기도 해요! 이런 식으로 말이에요.

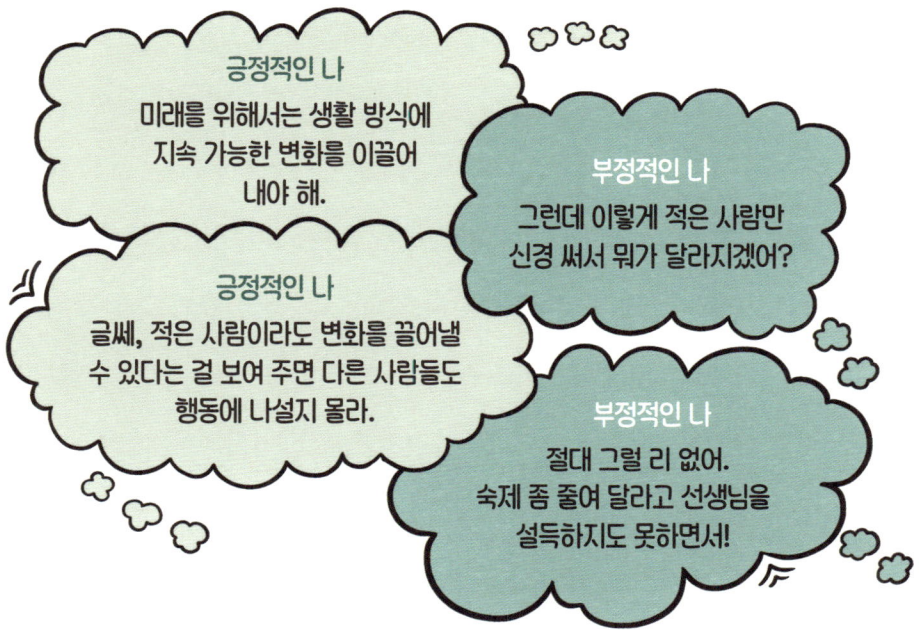

　심리학 용어로 이런 혼란스러운 목소리를 '인지 부조화'라고 해요. 서로 맞지 않는 두 개 이상의 생각이 드는 경우를 말해요. 어쩌면 여러분 말고는 식물성 음식을 먹는 사람이 없으니 식물성 음식을 먹는 게 의미가 없다고 생각할 수도 있어요. 그런데 소고기 버거를 먹을 때마다 끔찍한 기분도 들죠. 재활용으로는 세상을 구할 수 없다고들 하지만 상한 음식, 종이, 플라스틱, 고철이 한데 뒤섞여 있는 쓰레기통을 보면 견딜 수 없는 기분이 들고요.

　이렇게 서로 어긋나는 목소리는 어느 쪽이 '진짜 나'인지 구분하기 어려워서 짜증이 날 수도 있어요. 여러분은 지구가 정말로 걱정되는데, 마음속 어딘가에서 '이런 게 다 무슨 소용이야. 어차피 착한 척하려는 거 아니야?'라는 목소리가 여러분을 괴롭히나요? 아니면 기후 변화가 여러분 일상에 별 영향을 미치지 않으니 생활 방식을 바꾸기 위해 노력하고 싶지 않다는 게 본심인가요? 대부분 두 가지가 조금씩 섞여 있답니다. 세상을 위해 가장 좋은 행동을 취하고 싶지만, 동시에 가끔은 이기적으로 굴거나 부주의하게 행동할 수 있다는 걸 알죠.

인지 부조화를 피할 수는 없어요. 프로그래밍 된 로봇이 아닌 이상, 인간은 완벽하게 한결같은 생각과 행동을 할 수는 없어요. 인간이기 때문에 얼마간은 심리적 혼란을 받아들여야만 해요. 인지 부조화는 우리가 복잡한 사고를 할 수 있음을 보여 주는 신호랍니다. 동전의 양면을 모두 볼 수 있다면 좋은 일이죠.

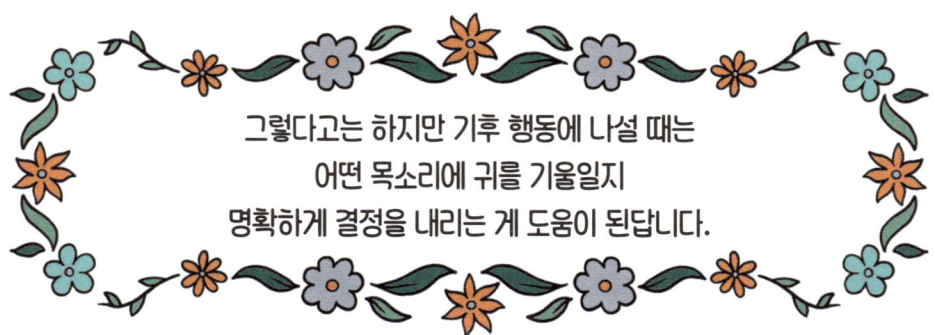

그렇다고는 하지만 기후 행동에 나설 때는
어떤 목소리에 귀를 기울일지
명확하게 결정을 내리는 게 도움이 된답니다.

여러분은 기억하지 못할 수 있지만, 2019년에 그레타 툰베리는 미국 의회 청문회에서 "저는 여러분이 제게 귀 기울이기를 바라지 않습니다. 과학자의 말에 귀 기울여 주시기 바랍니다."라고 말한 적이 있어요. 기후 위기와 관련해 누구의 말을 들어야 할지 고민할 때 도움이 되는 말이죠. 과학자는 대개 더 나은 방법을 찾기 위해 서로 다른 의견을 주고받곤 해요. 하지만 기후 위기와 관련해서는 다 같은 의견이랍니다. 과학자는 탄소 발자국을 줄이기 위해 행동해야 한다는 데 의견을 같이해요. 탄소 발자국은 인간의 행동으로 발생한 온실가스(이산화탄소와 메탄 포함) 총량을 말해요. 탄소 발자국을 줄이기 위해 우리가 하는 행동 하나하나가 의미 있는 일이에요. 그러니 머릿속 목소리가 "이건 다 쓸모없는 짓이야."라고 한다면, 그 목소리에 입 다물라고 받아치세요.

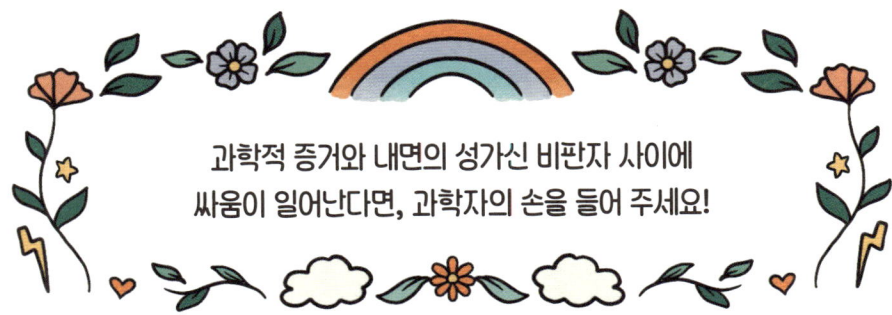

과학적 증거와 내면의 성가신 비판자 사이에 싸움이 일어난다면, 과학자의 손을 들어 주세요!

대신 머릿속 목소리에게 일깨워 주세요. 지금 일어나는 문제를 이해하고 그 문제를 해결할 방법을 제공해 준 건 과학이라는 사실을요. 과학은 행동을 이끌어 내요. 그레타 툰베리는 예전에 "변화를 일으키기에 너무 작은 사람은 없습니다."라는 유명한 말을 한 적이 있어요. 우리 모두 이 말에 충분히 귀를 기울여야 해요! 그렇다고 우리가 할 수 있는 수많은 일을 생각하느라 스트레스를 받아야 한다는 뜻은 아니에요. 그저 무언가 행동해야 한다는 뜻이랍니다. 모두가 지금 당장 작은 변화를 일으킨다면, 어마어마하게 달라진 내일을 맞이할 수 있을 거예요.

차근차근 해 봐요!

## 내면의 비판자에게 정중하게 말해요

생각이 지나치게 뻗어 나가거나 내면에서 논쟁이 벌어진다고 걱정할 필요는 없어요. 여러분의 뇌가 여러 정보를 염두에 두고 있다는 뜻이거든요. 하지만 내면의 비판자와 논쟁을 벌이기보다는 점잖게 설득해 보는 걸 추천해요. 이렇게 말이죠.

> 긍정적인 나
> 온도 조절기를 1도만 낮추자.

> 부정적인 나
> 그게 대체 뭐에 도움이 되는데?

> 긍정적인 나
> 수많은 변화 중 작은 한 가지 변화지. 앞으론 옷도 중고 매장에서 사고, 1월 한 달 동안은 고기도 전혀 안 먹을 거야.

40

**부정적인 나**
크리스마스가 끝나고
한 달 내내 렌틸콩이나
먹어야 하다니.
아이고!

**긍정적인 나**
비건 소시지 꽤 맛있게 먹었다는 사실을
다시 알려 줘야겠네.
그리고 토마토소스는 일 년
열두 달 내내 비건이지.

**부정적인 나**
그렇다면
그런 거겠지, 뭐.

**긍정적인 나**
당연하지. 그리고 우리에겐 지켜야 할 지구가
있으니까 내 말대로 하기야. 미안하지만 네가
하는 말은 더 듣지 않을 거야. 과학자들 말을
듣기로 결심했거든.

머릿속 목소리에 반박하기

차근차근 해 봐요!

# 내면의 비판자를 누그러뜨리는 법

**나는 로봇이 아니라는 사실 떠올리기**

인간은 무척 복잡한 존재예요. 머릿속을 가로지르는 생각을 모두 통제할 수는 없답니다. 그저 최선을 다할 뿐이죠.

**질문 던지기**

부정적인 생각이 어디에서 왔는지 자신에게 물어보세요. 라디오에서 들었던 얘기인가요? 아니면 놀이터에서? 어떤 생각이 떠올랐다고 해서 계속 그 생각만 할 필요는 없어요. 알고 보면 다른 사람의 생각일 수도 있거든요.

### 부정적인 목소리 존중하기

부정적인 목소리는 여러분 뇌가 열심히 일하고 있다는 증거랍니다. 화가 나거나 이기적인 생각, 가능성이 없다는 생각이 든다고 해서 상심할 필요는 없어요. 여러분의 마음이 수집한 정보를 꼼꼼하게 살펴보고 있다는 뜻이니까요. 혼란스럽다는 건 지능이 있기 때문이에요.

### 과학을 통해 희망 얻기

기후 과학자는 옳은 말을 많이 했어요. 이를 뒷받침하는 증거도 많고요. 그리고 이들은 우리에게 희망을 놓지 말라고도 말해요. 과학은 무척 명확합니다. 우리가 할 수 있는 일이 여전히 많아요. 그러니 하나씩 해 나가요!

### 부정적인 자아를 다정하게 대하기

내면의 목소리가 항상 동의해 주지 않는다고 매일같이 전쟁을 벌일 필요는 없어요. 어쩌면 부정적인 목소리는 여러분을 단련시키기 위해 있을 수도 있거든요. 내면의 부정적인 목소리를 상냥하게 대하는 동시에 가라앉힐 수 있다면, 기후 변화는 어쩔 수 없는 일이라고 믿는 사람들을 합리적으로 행동하도록 설득할 수 있게 된답니다!

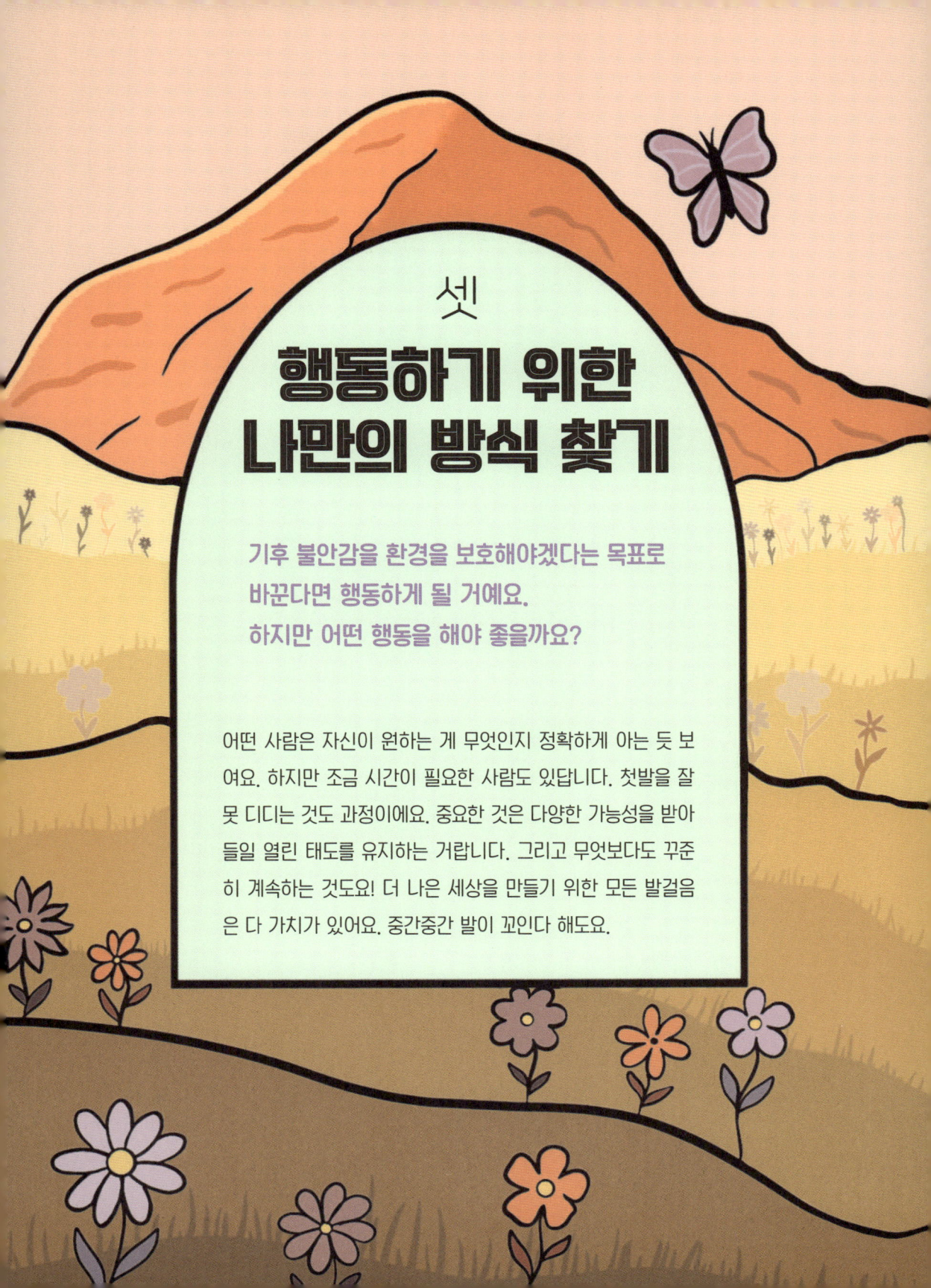

셋

# 행동하기 위한 나만의 방식 찾기

기후 불안감을 환경을 보호해야겠다는 목표로 바꾼다면 행동하게 될 거예요.
하지만 어떤 행동을 해야 좋을까요?

어떤 사람은 자신이 원하는 게 무엇인지 정확하게 아는 듯 보여요. 하지만 조금 시간이 필요한 사람도 있답니다. 첫발을 잘못 디디는 것도 과정이에요. 중요한 것은 다양한 가능성을 받아들일 열린 태도를 유지하는 거랍니다. 그리고 무엇보다도 꾸준히 계속하는 것도요! 더 나은 세상을 만들기 위한 모든 발걸음은 다 가치가 있어요. 중간중간 발이 꼬인다 해도요.

# 기후 불안감이 목적을 찾는 데 도움이 돼요

지금까지 기후 불안감을 적으로 대하지 않는 방법에 대해 알아봤어요. 이번엔 이 내용을 조금 더 깊이 살펴볼게요. 기후 불안감은 친구가 될 수 있을 뿐만 아니라, 인생 코치이자 믿음직한 조언자가 될 수도 있어요. 기후 불안감은 여러분에게 기후 행동에 나서라고 재촉합니다. 어물쩍거리지 말고 제대로 행동하라고 재촉하기 때문에 심술궂은 친구처럼 느껴지기도 하죠. 기후 불안감은 충분히 귀를 기울일 때까지 사라지지 않아요. 위협을 느끼면 우리 몸은 위협으로부터 자신을 보호하려고 하면서 도움이 될 만한 갖은 조치를 합니다. 기후 불안감은 불쾌하기 짝이 없어서 무시하기 어려워요. 이 불쾌감은 기후 불안감이 미치는 영향 중 하나예요. 신체에 스트레스 호르몬을 분출하게 만들어 심장이 빠르게 뛰고, 혈압이 올라가고, 더 자주 호흡하게 되고, 동공은 확대되죠. 모두 뇌가 더 빨리 생각하고, 근육이 수축하면서 생기는 현상이에요.

신체에서 일어나는 모든 연쇄 반응은 '교감신경계'가 담당해요. 극심한 공포를 느낄 때 반응을 생각해 보면, 교감신경계라는 이름이 썩 잘 어울리지는 않아 보여요. 하지만 여러분의 몸은 정말로 여러분을 도우려고 한답니다. 선사 시대에 곰이 나타나면 재빨리 달아나도록 하죠. 기후 위기를 맞은 오늘날이라면 부모님께 20도 정도의 낮은 수온으로 세탁하라고 부탁하도록 하기도 합니다. 위험이나 위협 앞에서 여러분이 아무것도 하지 않게 두지는 않아요. 만약 아무것도 하지 않는다면 무언가를 할 때까지 계속 성가시게 굴겠죠.

그런데 이런 궁금증이 들 수도 있어요. 기후 불안감을 해소할 수 있는 올바른 행동은 무엇일까요? 이 질문에 답하기 전에 부교감신경계에 대해 먼저 알아볼게요. 부교감신경은 방금 설명한 교감신경의 스트레스 반응을 안정시키는 우리 몸속 자체 해독제예요. 이를테면 곰으로부터 무사히 달아나는 데 성공했다면, 부교감신경이 심장에는 천천히 뛰어도 된다고, 평소처럼 호흡을 늦춰도 된다고 신호를 보내요. 그렇다고 기후 위기가 완전히 해소되어야만 부교감신경이 휴식을 취해도 좋다는 신호를 보낸다는 건 아니에요. 우리 몸은 그보다 조금 더 실용적이에요. 시도 때도 없이 위기 상태를 유지해야 한다면 어마어마하게 피곤할 테니까요. 그렇기 때문에 어떤 조치를 했다는 신호가 몸에 전달되면, 곧장 긴장을 풀죠. 일부러 심호흡해서 부교감신경계 기능을 활발하게 할 수도 있어요. 우리 몸은 정말 놀랍지 않나요?

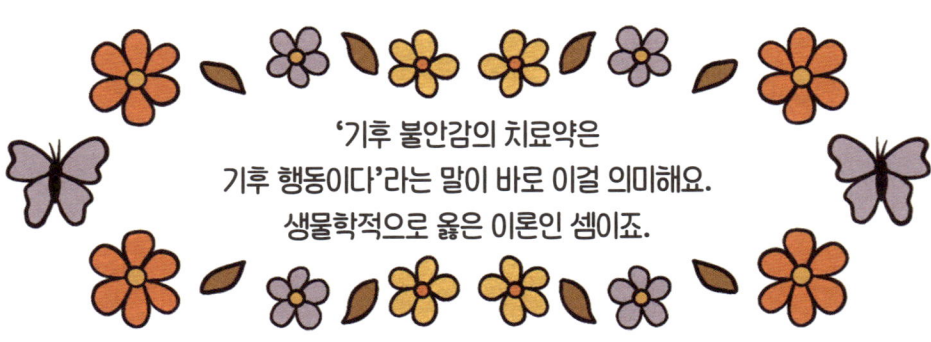

'기후 불안감의 치료약은 기후 행동이다'라는 말이 바로 이걸 의미해요. 생물학적으로 옳은 이론인 셈이죠.

좋은 소식은 기후 행동이 여러 가지 형태로 나타난다는 거예요. '행동'은 단기부터 장기까지, 작은 행동부터 큰 행동까지 모두 아우릅니다. 월요일에만 고기 먹지 않기부터 플라스틱 없이 생활하기, 다국적 기업이 탄소 중립에 앞장서도록 요구하기 등 매우 다양해요. "그래도 내가 모든 걸 다 할 수는 없잖아요!"라고 말하는 사람도 있어요. 맞는 말이죠. 여기서 핵심은 아무것도 하지 않기와 모든 것 하기 사이에서 내 현실적인 위치를 찾아가야 한다는 점이에요.

무엇보다 진짜 문제가 있다는 사실을 인정하는 게 가장 먼저 해야 할, 매우 중요한 행동입니다. 끔찍하지만, 동시에 진정으로 용기 있는 행동이기도 해요. 이 책을 읽고 있다면 가장 어려운 부분은 이미 해낸 셈이죠. 아주 멋져요! 여러분 뇌와 몸이 무언가 행동이 필요하다는 데 동의했다면 행동에 나서기는 훨씬 더 쉽답니다. 행동하지 않기가 점점 더 어렵고요!

문제를 깨달았으면, 그다음으로 무엇을 할 수 있는지 알아보는 단계를 거쳐야 합니다. 여러분은 이미 이 단계도 마쳤을지 모르겠네요. 고기 덜 먹기도 좋은 생각입니다. 채식하는 사람은 고기나 생선을 먹는 사람보다 탄소 발자국이 훨씬 적습니다. 정원을 야생 상태로 만들기도 멋진 생각이에요. 친구나 이웃의 허락을 얻어 그들의 정원을 야생 상태로 되돌리는 일도 좋겠네요. 예전에는 그 정원에 살았지만, 이제는 그곳을 떠난 동식물이 되돌아올 수 있거든요. 그 외에도 수천, 수백만 가지 행동을 할 수 있습니다. 어떤 행동이든 모든 행동은 할 만한 가치가 있어요. 찾아보고 마음에 드는 걸 골라 보세요. 모든 기후 행동은 가치가 있다는 사실을 명심하고요.

어떤 사람들은 기후활동가를 집요하고 까탈스럽다고 해요. 그건 그 사람들이 상황을 파악하지 못했기 때문이에요. 문제가 얼마나 크고 심각한지 안다면, 조금 희생이 필요하거나 용기를 내야 하는 활동이 고통스럽게 느껴지지 않아요. 할 수 있는 일이 있다면 지금 당장 하세요! 나이를 한 살 한 살 먹을수록 더 다양한 일을 할 수 있어요. 여러분의 여정에 다른 사람이 동참하도록 하세요. 여러분이 어른에게 알려 줄 수 있는 일도 엄청나게 많을 거랍니다!

차근차근 해 봐요!

# 기후 불안감을
# 행동으로 바꾸는 법

### 기후 불안감을 친구라고 생각하기
기후 불안감은 여러분이 살아갈 세상을 더 안전하게 만들어 줍니다. 친구라고 생각해 보면 어떨까요? 짜증 스럽기는 하지만 좋은 의도를 가지고 있는 친구라고 말이죠.

### 모든 문제를 한꺼번에 고칠 필요 없음을 깨닫기
생활에 약간 변화를 주는 것부터 시작해 봐요. 남들이 그게 다 무슨 소용이냐고 말하면 가만히 듣고만 있지 마세요. 더 많은 사람이 작은 변화를 시도할수록 더 큰 변화를 일으킬 수 있으니까요.

### 세상 곳곳에 나와 같은 사람이 많다는 사실 기억하기

2021년 한 연구에 따르면, 청년 75%가 지구의 미래가 두려울 정도로 걱정된다고 말했대요. 기후 불안감을 느끼는 사람이 늘고 있다는 뚜렷한 신호죠. 여럿이 모여 함께 행동한다면 실제로도 힘을 발휘할 수 있어요.

### 할 수 있는 일을 하고, 할 수 없는 일은 덜 걱정하기

응급 상황을 심각하게 받아들이면서도 삶을 사랑할 수 있답니다. 위기 상황에서 두려워하거나 걱정하지 않는다고 자신을 이상하게 생각하거나 또 다른 걱정을 키우지 마세요. 여러분이 죄책감을 느낄 필요는 없어요! 비슷한 생각을 하는 사람과 이야기를 나누거나 캠페인이나 단체 활동에 참여하는 게 도움이 된답니다.

### 심호흡하기

부교감신경계는 반응이 느린 편이에요. 좀 더 빨리 반응하게 하는 데 심호흡하기가 도움이 돼요. 이외에도 지구에 덜 해로운 행동이 몇몇 있다고 되뇌면 더욱 효과적이랍니다.

차근차근 해 봐요!

## 나에게 꼭 맞는 길을 찾아요

### 내 편 찾기

기후활동가라고 해서 늘 시위를 하는 건 아니에요. 모여서 그냥 이야기를 나누거나 서로를 지지해 주고, 주변 정원을 돌보고, 자연을 감상하며 산책하는 동아리도 있답니다. 여러 활동을 해 보고 어떤 게 내게 잘 맞는지 살펴보세요.

### 다른 사람 끌어들이기

학교에서 지구의 날을 기념하자고 해 보면 어떨까요? 아니면 한 달 동안 중고 물건만 사자고 가족을 설득하는 것도 좋겠죠. 친구와 함께 나눔이나 바꿈 장터를 계획해 볼 수도 있어요. 다 꽤 재미있으면서도 기후 위기와 기후 행동을 알리는 데 매우 좋은 활동이랍니다.

### 공부하기

음식부터 시작해 보세요. 환경을 생각하는 사람이 모두 비건은 아니라는 사실을 알고 있나요? 책임감 있는 플렉시테리언(채식 가운데 가장 낮은 단계의 채식으로, 보통은 채식이지만 가끔 육식하기도 해요.)과 관련해 눈여겨볼 만한 주장이 꽤 많아요. 수천 킬로미터 떨어진 곳에서 날아온 식품이 아니라, 제철 식품과 근처에서 재배한 식품을 먹는 게 중요해요.

### 동아리 가입하기

동아리에 가입하면 공동체라는 느낌을 받을 수 있어요. 그뿐만 아니라 어린이나 청소년도 기후 변화에 맞서 싸울 수 있는 새롭고 흥미진진한 아이디어를 끊임없이 내놓는 동아리도 있답니다.

### 장기적인 친환경 계획 세우기

여러분이 앞으로 친환경 도시 계획 설계자가 되거나 건축가가 될 수도 있겠죠. 적어도 한 명쯤은 세계 지도자가 되길 바라요. 물고기 먹기를 포기하는 건 아무런 의미가 없다고 말하는 사람들에게 남획을 방지하는 대책을 마련하기 위한 임시 계획일 뿐이라고 말해 주세요!

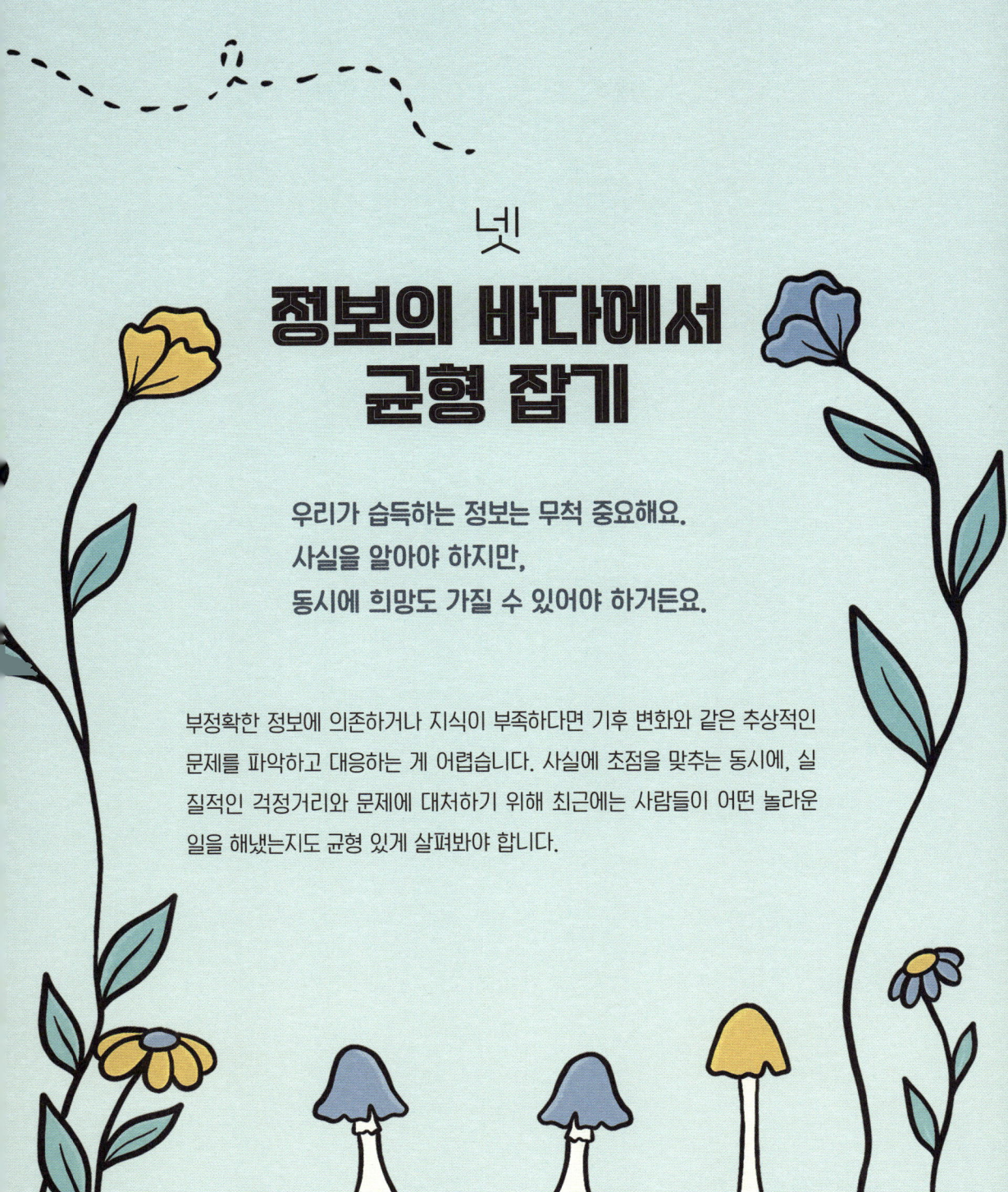

넷

# 정보의 바다에서 균형 잡기

우리가 습득하는 정보는 무척 중요해요.
사실을 알아야 하지만,
동시에 희망도 가질 수 있어야 하거든요.

부정확한 정보에 의존하거나 지식이 부족하다면 기후 변화와 같은 추상적인 문제를 파악하고 대응하는 게 어렵습니다. 사실에 초점을 맞추는 동시에, 실질적인 걱정거리와 문제에 대처하기 위해 최근에는 사람들이 어떤 놀라운 일을 해냈는지도 균형 있게 살펴봐야 합니다.

## 진실을 어떻게 가려내나요?

다들 "과학을 따르라."든가 "사실에 귀를 기울여라."고들 하지만, 누가 진실을 말하는지 어떻게 알 수 있을까요?

먼저 모든 과학자가 서로의 의견에 동의하지는 않는다는 사실을 짚어야겠어요. 과학자도 각각 전문 분야가 있어서 기후 변화 중에서도 유독 자신이 관심을 기울이는 부분이 있어요. 그러니 어떤 이론이 더 나은지에 대해 의견이 다를 수 있어요. 다양한 기후 과학자가 서로 다른 분야에서 일하고 있으니 어쩔 수 없는 일이기도 해요. 기상학(지구의 대기와 날씨 연구), 생화학(생물 유기체의 화학 연구), 지구물리학(지구의 물리적인 현상 연구) 등 다양한 분야에서 일하는 과학자들은 기후 변화에 어떻게 대처할지도 서로 생각이 다릅니다. 전 세계 식품 체계, 연료 사용, 제조업 중 하나에 초점을 맞춰야 할지, 아니면 세 가지를 동시에 헤아려야 할지 말이에요. 오늘날 정치 체제와 경제 체제는 기후 변화 완화, 기후 위기 극복이라는 목적에 맞지 않는다고 생각할 만한 이유는 충분해요. "우리는 체제 변화를 원하지, 기후 변화를 원하지는 않아요."라고 말할 근거도요. 하지만 어떤 체제가 가장 효과적인지에 대해서는 과학자마다 의견이 다르죠.

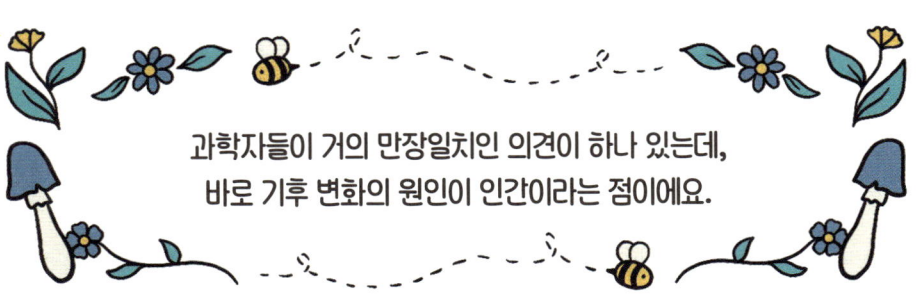

과학자들이 거의 만장일치인 의견이 하나 있는데, 바로 기후 변화의 원인이 인간이라는 점이에요.

2021년에 기후 관련 연구 9만 건을 대상으로 조사한 결과, 기후 변화는 인간이 만들어 낸 인위적 현상이라는 데 과학자 99.9%가 동의한다고 밝혀졌어요. 이 조사에 참여한 주요 저자는 "더는 따질 시간이 없습니다. 과학계 그 누구도 인간이 기후 변화를 일으켰다는 것을 의심하는 사람은 없습니다."라고 말했어요. '더는 따질 시간이 없다'고 말한 이유는 최근 10년 동안 기후 변화 관련 가짜 뉴스가 급격하게 증가했기 때문이에요. 소셜 미디어가 급격하게 확산하면서 과학이 마치 사실이 아니라 일부의 의견처럼 보이게 하려는 가짜 뉴스가 늘었거든요. 다행히 시간이 지나면서 기후 변화를 인정하지 않는 사람들의 무지가 드러나고, 기후 변화에 대한 거짓말을 퍼뜨리기가 점점 어려워졌어요. 일부 주요 뉴스 방송국은 불만스러울 정도로 기후 변화 보도에 관심을 보이지 않지만, 적어도 뉴스를 통해 보도되는 내용은 사실 확인을 거쳐요. 하지만 소셜 미디어는 뉴스처럼 규제를 받지 않기 때문에 기후 정보와 관련해서는 무법 지대나 마찬가지죠.

이 책을 읽는 여러분이라면 소셜 미디어가 아니라 과학자 말에 귀를 기울여야 한다는 데 동의할 거예요. 그렇다고 항상 과학자 말만 들어야 하는 건 아니라고 말해 주고 싶어요! 가끔 음악을 듣거나 바깥에서 새가 지저귀는 소리를 들어 보세요. 제가 읽는 신문에서는 책임감 있게 계속해서 기후 변화에 대해 보도합니다. 그 신문에는 매일 속상할 만한 기사가 여러 건 실린다는 뜻이죠. 이따금 너무 걱정해서 끙끙 앓을 정도로요. 저는 그런 내용을 받아들이기 힘들 때면, 종종 건너뛰기도 합니다. **하지만 기억하세요. 중요한 새로**

운 정보가 등장하면, 어떻게든 그 정보를 알게 돼요. 단 하루 만에 신문에서 사라지는 일은 없으니까요.

기후 위기에 대처하기 위한 행동에 나섰다고 해서 세상이 위험하다는 새로운 증거를 일일이 다 수집할 필요는 없어요. 그렇게 한다고 더 나은 기후활동가가 되지는 않으니까요. 그저 여러분이 무척 불행할 뿐이에요. 그러니 스스로를 다정하게 대하고, 뉴스에서 잠시 눈을 떼고 다른 것들에 눈과 귀를 기울여도 된다고 말해 주세요. 균형을 잡는 게 중요하답니다.

또 한편으로는 전 세계 곳곳에서 기후 변화 속도를 늦추기 위해 많은 사람이 최선을 다하고 있다는 긍정적인 면도 있어요. 과학자, 활동가, 정치인, 원주민 대표, 사업가, 청년, 식물, 곤충, 모두가 지구를 건강하게 유지하기 위해 온 힘을 다하죠. 이들의 이야기에도 관심을 가져야 해요.

확고한 낙관주의라는 말이 있어요. 파리기후변화협약을 이끌어 낸 크리스티아나 피게레스가 만든 용어예요. 파리기후변화협약은 지구 평균 온도가 1.5도 이상 오르지 않도록 노력한다는 목표를 가지고 있죠. 이렇듯 확고한 낙관주의는 미래 환경을 좋은 방향으로 이끌어 가려는 태도를 뜻해요. 부정적이고 늘 최악을 생각하는

**회의주의에 무릎을 꿇어서는 안 돼요. 그랬다가는 중요한 변화를 이끌어 내기 위한 싸움을 멈출 수 있으니까요.** 하지만 주변에 부정적인 뉴스가 넘치니 미래 환경에 희망을 갖고 행동하는 낙관주의자가 되려면 확고한 의지가 있어야겠죠!

좋은 소식은 기분을 좋게 할 뿐만 아니라, 긍정적인 사고방식을 갖도록 도와줍니다. 긍정적인 사고방식은 나아가 이 세상에 긍정적인 변화를 일으키는 행동을 하는 발판이 되죠. 포털 사이트에서 긍정적인 기후 뉴스나 좋은 기후 행동 소식을 검색해 보세요. 미래 환경에 대한 희망과 낙관주의를 손쉽게 접할 수 있답니다. 저도 검색을 통해 미래에는 설탕을 먹고 사는 박테리아를 연료로 사용하는 비행기가 설계될 수도 있다는 사실을 알게 됐어요. 외과 의사들은 기후 친화적인 수술 방법을 개발하고 있고, 돌고래 똥은 산호초를 보호할 수 있는 열쇠일지도 모른다고 하네요!

좋은 뉴스를 접하는 게
나쁜 뉴스를 접하는 것만큼
중요하다는 사실을
명심하세요.

차근차근 해 봐요!

## 기후 변화를
## 제대로 배워요

### NASA 기후 어린이
climatekids.nasa.gov

기후 어린이는 기후 변화와 복잡한 문제를 쉽고 간략하게 설명해 놓은 미국 항공우주국의 웹사이트입니다. 자동차 배기가스 때문에 삶의 터전을 잃어 가는 북극곰과 재배하는 데 어마어마한 물이 필요한 아보카도 탓에 말라 가는 강물 간 연결고리가 이제 막 눈에 들어오기 시작했다면, 이 웹사이트를 출발점으로 삼아 보세요.

### 내셔널지오그래픽 어린이
kids.nationalgeographic.com

내셔널지오그래픽 어린이는 자연 세계를 중점적으로 다루는 잡지예요. 세계 곳곳의 수많은 이야기를 담은 웹사이트에 방문해 자연과 기후 변화에 대해 알아봐요.

### 기상청 기후정보포털
climate.go.kr

기후와 관련해 과학 정보를 모아 놓은 웹사이트예요. 우리나라 기상청에서 운영하는 웹사이트로 신뢰할 수 있는 다양한 콘텐츠를 탐색해 볼 수 있어요. 헷갈리는 용어는 기후 용어 사전을 통해 알아보세요.

### e-기후변화교육센터
educenter.kcen.kr

기후 변화와 환경을 모두 아우르는 교육 자료를 모아 놓은 국내 웹사이트예요. 연령대별로 자료가 나뉘어 있어 각자 수준에 맞춰 공부할 수 있어요. 전국에 있는 기후변화교육센터와 체험장 정보도 있으니 한번 방문해 보면 어떨까요?

### 뉴스펭귄
newspenguin.com

국내에서 운영하는 뉴스 매체로 기후 위기와 멸종에 집중해서 해결책을 제안하고 고민합니다. 다양한 기사뿐만 아니라 독자 참여와 함께 학교에서 환경 교육에 활용할 수 있는 NIE 교재를 홈페이지에 공개하고 있답니다.

차근차근 해 봐요!

# 확고한 낙관주의에 날개 달아 주기

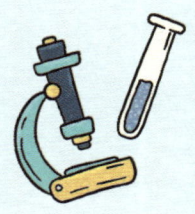

**99.9%의 과학자 믿기**

과학자는 기후 위기의 진실에 의견을 같이할 뿐만 아니라, 해결책을 마련하기 위해 분주하게 애쓰고 있어요. 서로 다른 아이디어와 의견을 내는 건 당연해요. 아이디어는 많을수록 좋답니다!

**정보 입수하기**

나쁜 뉴스에 빠져 허우적거리기보다는 전체를 아우르는 현재 상황에 대한 정보를 찾으세요. 6~7년마다 '기후 변화에 관한 정부 간 협의체(IPCC)'는 기후 변화를 다룬 보고서를 발간합니다. IPCC 기후 변화 평가 보고서를 검색하거나 우리나라 기상청에서 운영하는 기후정보포털에서 다양한 정보를 얻을 수 있어요.

### 휴식 챙기기

매일 뉴스를 챙겨 봐야 한다고 생각하는 사람도 있어요. 하지만 그럴 필요는 없습니다. 대신 다른 일을 하는 게 더 건전할 수도 있거든요. 2013년에 발표한 연구에 따르면 뉴스를 시청하면 창의력이 떨어진대요. 지금 지구에 필요한 건 창의적인 사람이니, 휴식을 챙기는 방법도 익히도록 하세요!

### '비관적 운명론자'에 맞서기

비관적 운명론자는 기후 변화를 걱정하고 행동하는 사람들의 입을 다물게 하려는 쓸모없는 용어예요. 누구든 여러분을 비관적 운명론자라고 부른다면, 가장 최근에 발간한 IPCC 기후 변화 평가 보고서를 내미세요. 그 보고서를 쓴 수천 명의 전문가보다 더 잘 알지는 못할 테니까요.

### 긍정적인 이야기 찾아 읽기

저녁 뉴스를 틀고 가만히 앉아 있기보다는 정보를 가려서 습득하고 긍정적인 변화를 위해 애쓰고 있다는 소식을 찾아보세요! 이건 도망치는 게 아니라, 내일을 위한 의지에 불을 댕기는 행동이에요.

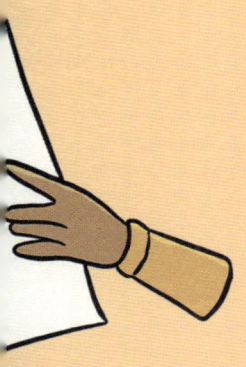

## 다섯
# 몸과 마음의 힘 회복하기

기후 위기 때문에 혼란스럽고 무력한 기분이 들 수 있어요.
하지만 사고방식을 바꾼다면
몸과 마음의 힘을 되찾을 수 있답니다!

기후 변화의 규모를 생각하면 개개인은 속수무책인 듯 느껴져요. 대기업 활동에 비하면 개인의 행동은 마치 바다에 물 한 방울 더하는 게 아닌가 싶고요. 하지만 여러분이 하는 행동은 의미가 있어요. 스스로 무력하다는 고정관념을 버리길 바라요. 여러분은 깜짝 놀랄 정도로 강하니까요.

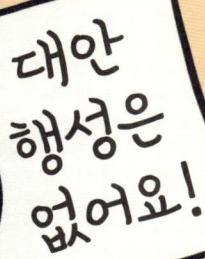

대안 행성은 없어요!

지금 행동해요!

# 기후 변화를 둘러싼 혼란을
# 정리할 시간이에요

　　기후 변화를 부정하는 사람은 빼더라도, 지구 환경을 보호해야 한다는 사람들도 기후 위기 극복을 위해 무얼 해야 하는지 서로 다른 정보를 알려 줘요. 어떤 사람은 비행기를 타지 않는 게 가장 좋다고 하고, 어떤 사람은 채식으로 식단을 바꿔야 한다고 하죠. 그런데 또 한편에서는 사회나 국가 수준에서 대대적인 변화가 일어나지 않는다면 개개인의 행동은 무의미하다고 해요. 대체 무엇이 맞는 말일까요?

　　먼저, 어떤 기후활동가는 왜 개인이 하는 행동에 덜 적극적인지 알아보면 도움이 될 거예요. 이 사람들 의견은 고기를 덜 먹거나 화석 연료를 덜 사용하는 게 좋은 생각이 아니라는 말이 아니에요. 오히려 몇몇 정부와 대기업은 기후 변화를 막기 위해 제 몫을 다하지 않고 있는데, 개개인은 생활 속에서 온전한 책임을 다해야 옳냐고 의문을 제기하는 거랍니다.

지구의 상태에 대해 모두 함께 책임을 져야 해요.

우리가 각각 개인적으로 책임을 져야 한다고 생각한다면 문제를 해결할 수 없어요. 혼자 하는 행동은 충분하지 않다 보니 절망감에 빠지고 죄책감이 들겠죠. 개개인은 끔찍한 기분이 들 뿐이고, 대기업은 세상을 오염시키면서도 계속 돈을 법니다. 불공평하지 않나요?

육식을 줄이거나 해외로 휴가 가려는 계획을 취소하는 것 중 어느 게 더 낫냐고 논쟁하기보다, 둘 중 하나라도 혹은 둘 다 하는 게 나아요. 모두 가치 있는 행동이니까요. 그렇다고 늘 환경만 생각하며 살아야 한다는 뜻은 아니에요! 할 수 있을 때 할 수 있는 행동을 하겠다는 생각이 훨씬 생산적이에요. 그리고 우리가 함께 행동한다면 매우 많은 일을 해낼 수 있어요.

사회적 변화를 이끌어 내는 데 모든 에너지를 집중해야 한다는 기후활동가의 주장은 좋은 의도가 분명하지만, 지구 환경 보호 움직임을 막으려는 사람들이 제 입맛에 맞게 끌어다 쓸 위험도 있어요. 만약 모두 재활용을 멈추고 매 끼니에 소고기를 먹기 시작한다면, 사회적 변화를 이끌 시간과 자원을 더 확보할 수 있을까요? 아니죠! 오히려 정부와 대기업은 이걸 빌미로 "아무도 지구에 신경을 안 쓰는데 우리라고 왜 그래야 하나요?"라고 묻겠죠. 불 보듯 뻔한 일이에요!

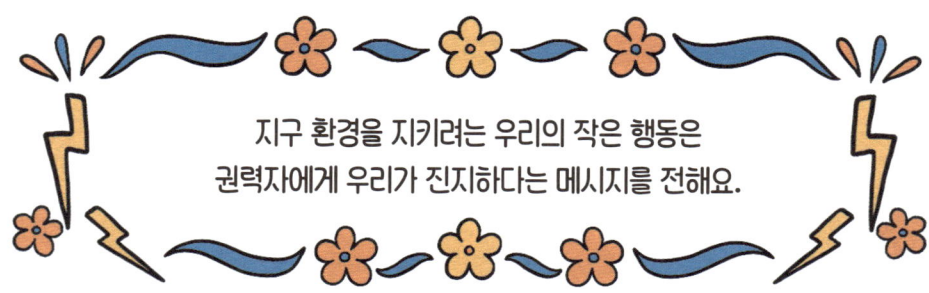

지구 환경을 지키려는 우리의 작은 행동은 권력자에게 우리가 진지하다는 메시지를 전해요.

지구 환경을 지키려는 사람은 권력자보다 훨씬 많아요. 우리 모두가 원칙에 따라 행동한다면 권력이 있는 사람도 우리에게 귀를 기울일 거예요.

정부가 탐탁잖은 행동을 하면 그들에게 표를 주지 않을 거예요. 기업이 못마땅한 행동을 하면 그 기업 제품을 사지 않고요. 자, 이제 누가 힘이 있는 쪽일까요?

기후 변화에 대처하는 행동이 개인적인 문제냐 정치적인 문제냐를 따지는 건 잘못된 논쟁이에요. 저는 "개인적인 것이 정치적인 것이다."라고 말한 1960년대 페미니스트의 말을 따르는 게 더 합리적이라고 생각해요. 개인이 각자의 삶에서 하는 행동은 그 규모를 가늠하기 어려울 정도로 매우 중요합니다. 숫자 자체가 갖는 힘이 있거든요. 모든 사람이 지구를 더 살기 좋은 곳으로 만드는 데 뜻을 같이한다면 어떨까요? 지속 가능한 방식으로 생활하고, 더 나은 지구를 만들기 위해 서로 긍정적인 자극을 줄 수 있다면 어마어마한 변화를 일으킬 수 있어요.

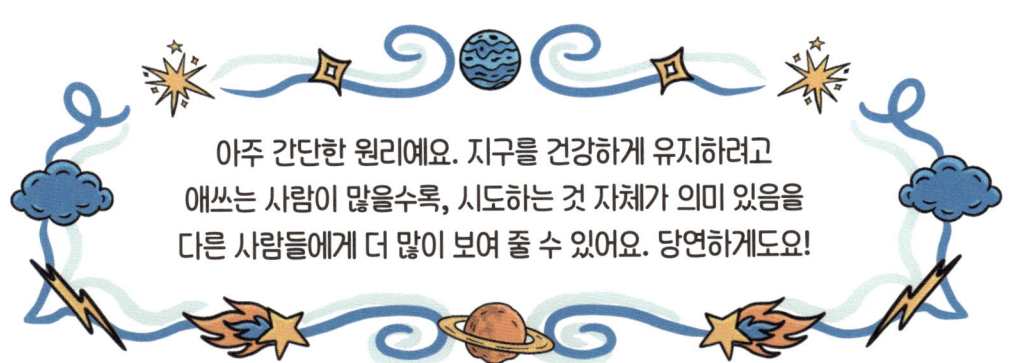

아주 간단한 원리예요. 지구를 건강하게 유지하려고 애쓰는 사람이 많을수록, 시도하는 것 자체가 의미 있음을 다른 사람들에게 더 많이 보여 줄 수 있어요. 당연하게도요!

사회과학자들은 기후 변화에 대처하는 개인의 행동이 주변 사람의 행동에 상당한 영향을 미친다는 데 동의합니다.

티핑포인트라는 말 들어 봤나요? 어떤 상황이 쌓이고 쌓이다가 그 상황이 조금만 더 추가되어도 급격한 변화가 시작되는 순간을 티핑포인트라고 해요. 우리는 부정적인 티핑포인트에 대한 얘기를 쉽게 들을 수 있어요. 빙하가 얼어 있는 상태를 더 유지할 수 없는 순간이나 곤충이 더는 번식할 수 없는 순간처럼요. 하지만 긍정적인 티핑포인트를 향해 꾸준히 노력해야 합니다. 환경을 오염시키는 기업 제품을 그만 사고, 소중한 생태계를 보호하지 않는 지도자를 지지하지 않는 데 모두가 함께해야 해요. 올바른 방향으로 계속 밀어붙이다 보면, 어느샌가 강력한 힘을 발휘하는 대중이 될 수 있어요. 작은 일을 해내는 수많은 사람은 큰일을 해내는 소수의 사람보다 훨씬 강력한 힘을 낼 수 있어요. 모든 사람이 크든 작든 환경에 책임을 지는 다양한 행동을 하는 게 가장 좋은 방법이랍니다.

차근차근 해 봐요!

# 내가 할 수 있는 친환경 활동을 찾아요

자, 지금부터 여러분이 가진 힘을 최대한 활용할 방법을 배워 보도록 할게요. 공책과 펜을 꺼내 들고, 기후 변화 속도를 늦추기 위해 무엇을 할 수 있을지 목록을 작성해 보세요.

 가능하면 자동차를 타는 대신 걷기

 야생화를 심어 나비와 벌 돕기

 되도록 일회용품 사용하지 않기

 사용하지 않을 때 전기 제품 플러그 뽑기

  에너지와 물 절약을 위해 빠르게 샤워하기

시작부터 벌써 좋은데요? 자, 이제 목록을 더 보강할 방법을 살펴봐요. 먼저 자신이 어떤 동아리와 어떤 단체에 속해 있는지 생각해 보세요. 가족, 학교, 축구 동아리 등 무엇이든요. 기후 변화에 맞서도록 다른 사람들을 끌어들일 방법은 없을까요?

전기 제품을 사용하지 않을 때는 플러그를 뽑자고 이웃집 사람들을 설득할 수 있을까요?

앞장서서 학교 화단을 관리해, 곤충의 피난처로 만들 수 있을까요?

축구 동아리에서 재사용할 수 있는 개인 물병을 사용하도록 설득할 수 있을까요?

몸과 마음의 힘 회복하기

차근차근 해 봐요!

# 몸과 마음의 힘 기르는 법

**인식 개선하기**

행동 목록을 만들고 다른 사람도 동참하도록 설득했다면, 단순히 그 행동을 실천하는 사람 수가 늘어나는 데 그치지 않아요. 함께하는 사람들에게 어떻게 변화를 이끌어 내는지 보여 준 셈이니까요. 어쩌면 조만간 그 사람들도 자기만의 행동 목록을 만들지도 모르죠.

**재미있게 느끼도록 접근하기**

환경을 보호해야 한다고 주장하는 사람들은 침울하고 재미없다는 오해를 받아요. 그래서 다른 사람의 재미까지 망친다고요. 사실, 지구를 누구보다 사랑하고 영원히 재미있게 살 수 있도록 가능성을 보존하고 싶은 사람들인데 말이죠! 함께 활동하도록 다른 사람을 설득할 때, 동시에 그 사람이 재미있게 시간을 보낼 수 있도록 최선을 다해 보세요.

### 야망 갖기

다른 사람이 동참하도록 설득하는 일을 점점 레벨이 올라가는 비디오 게임이라고 생각해 보세요. 먼저, 부모님께 환경에 부정적인 영향을 미치지 않도록 노력하는 은행으로 계좌를 바꾸자고 설득해요. 성공했다면, 그다음에는 환경에 부정적인 영향을 미치지 않도록 노력하는 기업의 물건을 사도록 설득하고요.

### 실패했다고 좌절하지 않기

이런 활동을 하는 게 항상 쉽지는 않아요. 이따금 열 가지 목록 중 단 하나만 성공할 때도 있어요. 긍정적인 희망을 품어야 계속 시도하겠다는 마음이 꺾이지 않는답니다.

### 강점을 찾았다면 활용해 보세요!

어쩌면 여러분은 친구의 마음을 사로잡을 정도로 맛있는 식물성 음식을 만드는 데 탁월한 실력이 있을지도 몰라요. 아니면 어린이의 순수한 매력으로 어른들이 귀를 기울이게 만드는 능력이 있을 수도 있고요. 어린이의 순수함은 기후 행동을 펼치는 데 있어 공공연한 비밀 무기와도 같답니다. 훌쩍 커 버리기 전에 적극적으로 활용해 보세요!

## 여섯
# 할 수 있는 일 실천하기

인간의 뇌는 천천히 다가오는 거대한 위협에 대응하기 쉽지 않다는 사실을 알고 있나요? 우리 뇌는 행동하지 않으려고 저항한답니다.

기후 위기처럼 감당하기에는 너무 큰일이 벌어지면, 우리 뇌는 신경을 꺼 버리거나 좀 더 쉽게 생각할 수 있는 대상으로 관심을 옮깁니다. 그러니 기후 위기를 막기 위한 조치가 충분히 이루어지지 않고 있다는 생각이 든다면, 자신을 그리고 다른 사람을 너그럽게 대하세요. 지금 당장 할 수 있는 일을 생각해 보고 하나씩 실천에 옮긴다면, 기후 위기에 지속적으로 대처하면서 다른 사람의 활동도 이끌 수 있답니다.

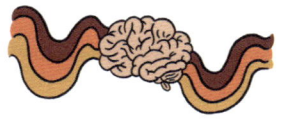

# 사람마다 생각하는 방식은 제각각이에요

인간의 뇌는 대부분 급작스러운 위협에 훌륭하게 반응합니다. 공이 나를 향해 곧장 날아온다고 생각해 보세요. 아마 여러분이 어떻게 할지를 생각하기도 전에 이미 몸은 공이 지나가는 길목에서 피해 있겠죠. 하지만 천천히 다가오는 위협은 인간이 가진 선천적인 경보 체계를 훨씬 더 잘 피해 갈 수 있어요. 인간의 뇌는 당장 집중해야 하는 대상에 관한 방대한 정보를 처리하도록 발달했거든요. 그래도 어떤 사람은 천천히 가해지는 위협에 다른 사람보다 잘 반응하기도 해요. **기후 불안감을 느끼는 사람들은 멀리 떨어져 있는 위험에 대해 적극적으로 생각하는 능력이 있어요.**

일반적으로 인간의 뇌는 불확실한 것보다 확실한 것을 훨씬 잘

다뤄요. 불확실성에 대처하려면 복잡한 계산이 필요하니까요. 비록 기후 변화가 실제로 일어나고 있다는 사실은 확실하지만, 정확히 언제 어떤 식으로 다가올지는 예측하기 어려워요. 인간의 뇌는 과부하를 피하기 위해 꾸준히 정보를 흘려 버립니다. 하나도 빠짐없이 모든 것을 계획하려고 한다면 머지않아 무너져 내릴 테니까요! 하지만 기후 불안감을 느끼는 사람들은 신경을 끄지 않고도 불확실성을 수용할 준비가 훨씬 잘 되어 있어요. 이런 사람들의 단점이라면, 기후 위기가 엄청나게 큰 규모로 벌어지는 사건인 만큼 온통 그 생각만 하게 될 수 있다는 점이에요. 그렇게 되면 무관심하게 굴거나 극심한 공포에 떨기만 하겠죠. 이건 정신이나 몸에 좋지 않아요.

하지만 인간의 뇌는 실제로 그렇지 않아요. 인간 뇌에는 깜짝 놀랄 만한 긍정적인 기능도 있거든요. 뇌는 급작스러운 위협으로부터 자신을 보호하기 위해 굉장히 빠르게 반응할 뿐만 아니라, 어려운 문제를 풀고 다양한 미래를 상상하는 능력도 뛰어납니다.

기후 변화에 맞설 때
우리 뇌의 긍정적인 기능에 의지해 봐요.

　우리는 기후 변화가 왜 일어나는지 이해할 수 있고, 기후 변화를 멈추기 위해서 무엇을 해야 하는지도 이해할 수 있어요. 환경과 기후 변화에 해로운 석유와 가스를 지나치게 사용하지 않고, 청정한 재생에너지를 사용해야 한다는 사실을 알듯 말이에요.

　그렇다면 기후 변화에 대해 걱정할 필요 없다고 생각할 수도 있겠네요. 손쉽게 해결할 수 있을 테니까요. 하지만 실천하려면 수백만 명이 동참해야 해요. 좋은 소식은 기후 변화를 강하게 부정하던 사람들도 마침내 무언가 대책을 세워야 한다는 생각을 이해하기 시작했다는 거예요. 기후 위기가 우리 머리를 향해 아주 느린 속도로 날아오는 공이라고 생각한다면, 이제는 이 공이 무척 가까이 다가왔어요. 그러니 반응이 느린 사람들조차도 무언가 빠르게 행동하지 않으면 다칠 수 있다는 사실을 깨닫기 시작했다고 할 수 있죠. 인간이 행동하도록 열정에 불을 붙이려면 몇 번 불꽃을 튀기면 돼요. 어쩌면 그 불꽃 중 하나가 여러분일지도 모르고요!

변화를 이끌어 내려면 가능한 한 많은 사람이 행동에 동참하도록 해야 합니다. 그러려면 영리한 방식으로 문제에 대해 알려야 하죠. 비협조적인 내면의 비판자가 "그야말로 재앙이지! 다들 쓸모없다고. 너무 늦었어!"라고 말하더라도, 사람들을 설득할 만한 그럴싸한 말을 생각할 때까지 조금만 기다려 달라고 타일러야 합니다.

**인간의 뇌는 항상 자신에게 가장 좋은 방법을 찾아내려 애쓴다는 장점이 있어요.** 때로는 계산을 잘못해서 당장은 좋지만 길게 보면 나쁜 선택을 하기도 하죠. 채소를 먹는 대신 사탕을 먹는 것처럼요! 만약 다른 사람들에게 이 세상이 곧 파괴된다고 말한다면, 돌아가는 길에 파티나 해야겠다고 생각할 게 뻔해요. 반면 짧은 시간 내에 큰 변화를 일으킬 수 있다고 말한다면, 좋은 쪽으로 행동할 확률이 훨씬 높을 테고요. 거의 모든 사람이 우리에게 단 하나뿐인 이 세상을 돌보는 게 우리 자신에게 가장 좋은 행동이라는 데 동의합니다. 두 번 생각할 것도 없어요.

여러분 자신을 순수한 에너지의 작은 불씨라고 생각해 보세요. 이 에너지를 사용해서 만나는 모든 사람에게 불을 붙이겠다고 거듭 다짐해 보세요. 여러분이 더 나은 세상을 만들기 위해 열정을 쏟는 모습을 본다면 다른 사람들도 힘을 보탤 거예요. 그러면 여러분은 더 밝게 타오를 수 있겠죠. 우리는 이 멋진 지구를 구할 방법을 알고 있답니다. 그러니 어서 행동에 나서자고요!

가지고 있는 것을 활용해

할 수 있는 일을 해요.

차근차근 해 봐요!

# 다큐멘터리로
# 새로운 지식 쌓기

여러분의 훌륭한 뇌에 보상해 주세요. 여섯 편의 다큐멘터리를 소개하려고 합니다. 이 영상들은 깜짝 놀랄 만한 아이디어와 지식은 물론, 여러분의 생각을 행동으로 옮기는 데 도움이 될 만한 정보로 가득하답니다.

### 1. 2040

기후 변화에 맞서기 위해 기존 생각과 기술을 활용해 어떤 일을 할 수 있는지를 다룬 긍정적인 다큐멘터리입니다. 아이들이 성장하면서 무엇을 이룰 수 있는지 희망적인 미래를 제시하는 작품이에요.

### 2. 비포 더 플러드
Before the Flood

아카데미 수상 감독 피셔 스티븐스와 환경운동가, UN 평화 대사인 영화배우 레오나르도 디카프리오가 기후 위기에 대해 설명하는 다큐멘터리입니다. 과학자가 등장해 기후 변화 이면의 과학을 설명하고, 어떤 해결책이 있을지 알아봅니다.

### 3. 그레타 툰베리
I Am Greta

청소년 기후활동가 그레타 툰베리를 밀착 취재한 다큐멘터리입니다. 평범한 청소년 그레타의 모습과 세계에서 가장 힘이 있는 어른들에게 맞서는 그레타의 모습을 모두 볼 수 있습니다. 행동하려는 여러분의 열정에 불을 붙여 줄 작품이기도 하죠.

### 4. 리빙 온 원 달러
Living on One Dollar

오늘날 지구촌에는 하루에 1달러로 생활해야 하는 사람들이 11억 명이나 있습니다. 이런 생활이 어떤 것인지 알아보기 위해 한 무리의 친구들이 과테말라 시골로 향합니다. 단순히 우리가 이들을 어떻게 도울 수 있는지를 보여 주는 데 그치지 않고, 우리가 이들에게 어떤 도움을 받을 수 있는지도 함께 보여 줍니다.

### 5. 우리의 지구 : 끝나지 않은 여정
Our Planet

동물학자이자 영화감독인 데이비드 애튼버러가 내레이션을 맡은 8부작 다큐멘터리예요. 인간의 활동이 전 세계 곳곳의 야생 동물에게 어떤 영향을 미치는지 탐사합니다. 기후 행동 동아리 회원끼리 모여 일주일에 한 편씩 시청하거나, 한 주는 영상을 시청하고 그다음 주에는 기후 행동을 하는 식으로 활용해 보세요.

### 6. 보통의 용기

세 명의 배우가 에너지 자립섬 죽도에서 일주일간 머물며 탄소 제로 프로젝트를 행동으로 옮기는 과정을 담았어요. 해변에 널브러진 플라스틱 병을 발견한 뒤 생수병 회사에 전화를 걸기도 하고, 나무 만 그루 심기에 도전하기도 하죠. 주변의 소중한 것들을 지키기 위한 용기 있는 행동들을 볼 수 있어요.

차근차근 해 봐요!

# 기후 행동 동아리를 만들어 봐요

**적어도 한 명 이상의 선생님과 함께하기**

선생님은 언제 어디에서 모임을 할지처럼 실무적인 부분에서 도움을 주실 거예요. 동아리를 만들려면 학교의 허가도 받아야 하고, 지도 선생님도 있어야 하니까요.

**소문내기**

홍보 쪽지를 돌리거나 학교 신문에 공지를 실어서 여러분이 기후 행동 동아리를 만들고 있다는 사실을 알려 보세요. 원하는 사람이 모두 참여할 수 있도록 충분히 공지하세요. 부모님도 함께할지 여러분 또래만 모일지도 정해야 합니다. 함께 모이지는 않더라도 여러분의 모임을 부모님께 알린다면, 부모님들끼리 저녁 모임을 하며 기후 변화에 관한 유익한 이야기를 나눌 수도 있답니다.

90

### 첫 만남 계획 세우기

모임에 참여한 사람들이 참여하길 잘했다고 느끼도록 만들어야 합니다. 행동이 키워드죠! 모두가 함께할 수 있는 활동을 제안해 보세요. 편지 쓰기, 강연자 초청, 나눔 행사 열기, 청원 서명 모으기, 현수막 만들기, 집회 참여하기, 영화 보기, 영화 만들기, 동아리만의 신문 만들기 등 다양한 활동이 있답니다.

### 동력 유지하기

모임을 마무리할 때마다 다음번 모임을 위한 멋진 계획을 세워 보세요. 모여서 무엇을 해야 할지 모른다면 모임이 시들해지기 마련입니다. 항상 모임에 돌아올 이유를 제시해야 해요. 계획성 있게 여러 가지 활동을 한다면, 재미있을 뿐만 아니라 뚜렷한 목적을 가질 수 있어요.

### 소셜 미디어 활용하기

동영상을 만들어 유튜브나 틱톡에 공유해 보세요. 여러분의 생각과 열정을 다른 사람에게도 전달할 수 있다면 무엇이든 활용해 보세요. 혹시 알아요? 저녁 뉴스에 긍정적인 기후 행동 소식으로 다뤄지게 될지도 모르죠!

## 일곱
# 공동체에서 마음 맞는 사람 찾기

기후 불안감을 느낄 때, 여러분과 비슷하게 느끼는 사람을 찾으면 큰 도움이 됩니다. 우리 모두 살면서 언젠가는 돌봄이 필요합니다. 또 우리가 다른 사람을 돌볼 수도 있고요.

혼자 기후 불안감을 끌어안고 끙끙대지 마세요. 여러분과 비슷한 사람이 이렇게 많은 요즈음에는 더더욱요. 기후 위기에 대응하려는 다른 사람들과 손을 잡는다면, 연결되어 있다는 느낌을 받을 수 있어요. 함께 해결책을 향해 나아간다면 지금 이 상황을 극복할 수 있다는 희망이 더욱 커진답니다.

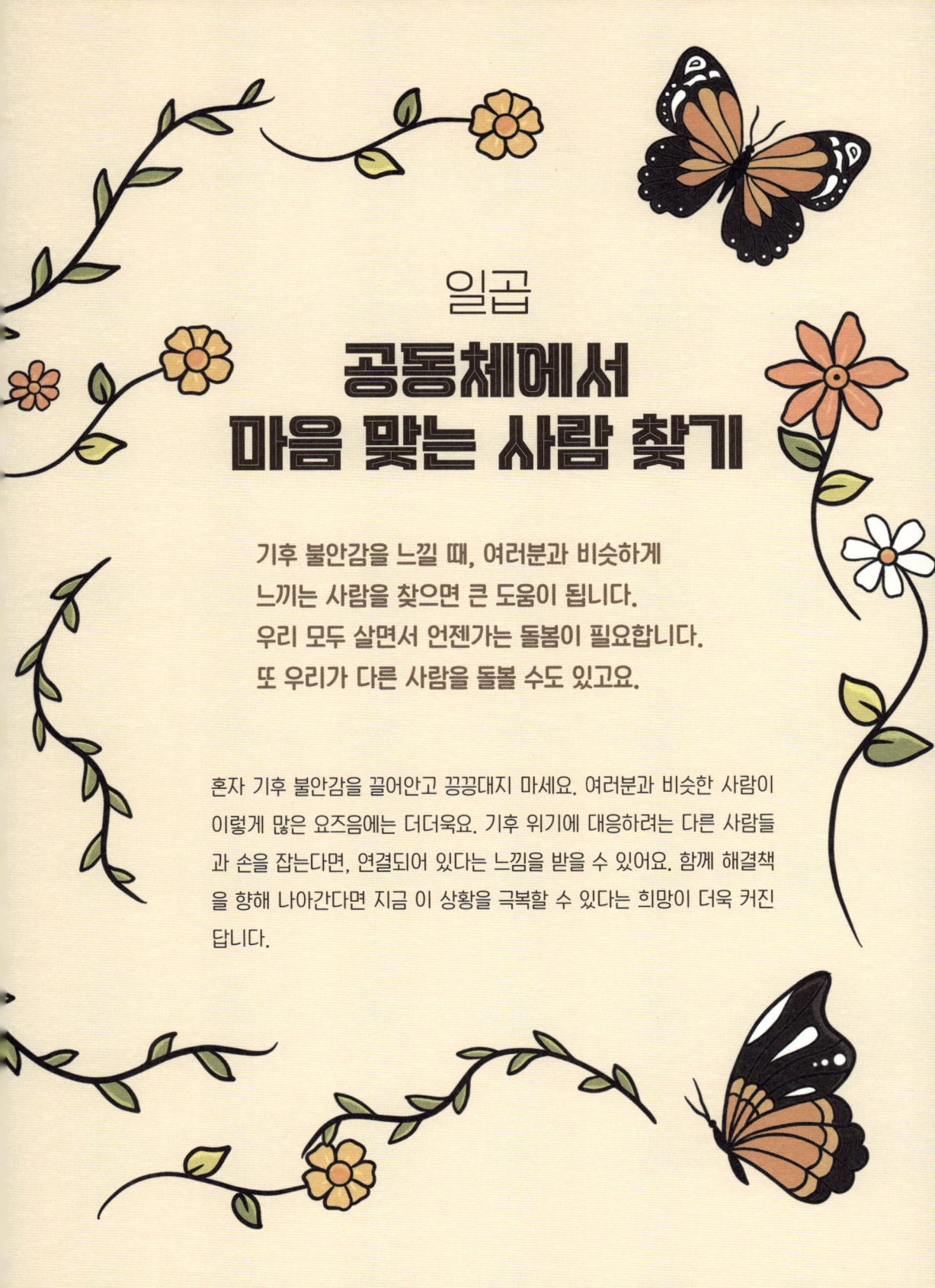

# 안전한 공간이란 솔직해져도 안전하다고 느낄 수 있는 곳입니다

지금까지 기후 불안감을 극복하기 위해 희망을 가지고 기후 위기를 바라보고, 바람직한 생각을 하고 행동하자는 데 대해 많은 내용을 다뤘어요. 하지만 너무 슬프고, 화가 나고, 무기력할 땐 어떻게 해야 할까요? 눈앞에서 일어나는 상황들 때문에 느껴지는 강한 부정적인 감정들이요. 이런 감정들은 배출구가 필요하답니다. 내면에서는 끔찍한 기분을 느끼고 있는데 겉으로만 계속 미소를 짓는 건 좋지 않아요.

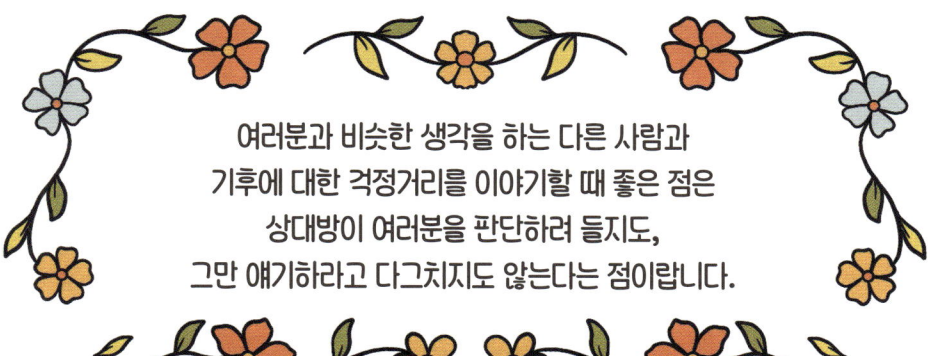

여러분과 비슷한 생각을 하는 다른 사람과
기후에 대한 걱정거리를 이야기할 때 좋은 점은
상대방이 여러분을 판단하려 들지도,
그만 얘기하라고 다그치지도 않는다는 점이랍니다.

 티머시 모턴이라는 환경철학자가 있어요. '생태적 사고'라는 단어를 만들어 낸 사람이죠. 생태적 사고란 지구 차원에서 보자면 인간이 하는 어떤 행동이든 환경에 영향을 미칠 수밖에 없음을 이해하고 깨닫는 것을 말해요. 일단 생태적 사고를 하게 되면 몰랐던 때로 돌아갈 수 없어요. 늘 함께 살아가야만 하죠. 생태적 사고를 하는 사람들은 우리가 환경을 얼마나 훼손했는지 깨닫는 순간에 느꼈던 극심한 공포와 슬픔을 잘 알고 있습니다. 그래서 자신이 겪었던 것과 비슷한 감정을 겪는 사람에게 쉽게 공감할 수 있고, 상대방에게 언제든 다정한 태도로 대할 준비가 되어 있죠.

 **툭 터놓고 감정을 공유해야 할 이유는 무수히 많아요.** 만약 여러분의 기분이 어떤지 아는 사람이 아무도 없다면, 누구도 여러분을 도와줄 수 없어요. 여러분에게만 나쁜 일이 아니라 여러분을 도우려는 사람들에게도 나쁜 일이에요. 누군가가 슬퍼하는데 이유를 알 수 없다면 얼마나 끔찍하겠어요. 여러분이 어려운 시기를 겪고 있다는 걸 다른 사람들이 안다면 여러분의 감정을 인정하고 공감하며, 약간 다른 각도에서 생각할 수 있도록 도와줄 수 있을지 몰라요. 특히 안 좋은 감정은 그 감정을 인정할 때까지 계속 머무르는 경향이 있기도 하고요. 안 좋은 감정을 무시한다고 해서 사라지지는 않죠. '생태적 사고'를 하는 누군가와 여러분의 감정을 공유하는 경험이 얼마나 도움이 되는지 알면 깜짝 놀랄 거예요.

더 나은 세상을 만들기 위해서는
다른 사람의 선의를 믿으면 도움이 돼요.

누군가와 힘겨운 감정을 나누면, 그 사람에게 여러분을 돌볼 기회를 제공하는 셈입니다. 친절함을 강요하거나 부담을 준다고 생각할 필요는 없어요. 여러분만 외로움을 더는 게 아니라 도움을 주는 사람도 자신의 외로움을 덜 수 있거든요. 다른 사람을 위해 곁에 있어 준다는 게 얼마나 멋진 일인가요. 언젠가 여러분도 괴로워하는 누군가를 돌볼 수 있어요.

비슷한 생각을 하는 사람들끼리 모임이나 공동체를 만드는 일은 추진력을 키우고, 긍정적인 행동을 할 수 있음을 남들에게 보여 주는 데 도움이 돼요. 그런데 기후 불안감이나 기후 변화에 관심도 없고, 자신과는 아무런 상관이 없는 듯 구는 사람들은 어떻게 해야 할까요? 그 사람들에게 화를 내면서 세상 모든 문제를 그들 탓으로 돌리기는 쉬워요. 하지만 모든 문제가 실제로 그 사람들 잘못은 아니에요. 그 사람들이 우리와 함께 기후 변화에 맞서 싸우길 원한다면 말싸움을 너무 많이 벌이지 않는 게 좋겠죠!

솔직하게 감정을 나눌 수 있는 사람들을 찾고, 우리와 생각이 다른 사람들 혹은 우리보다 몇 걸음 뒤처진 사람들을 위한 열린 공간을 마련하는 일 사이에 균형을 잡아야 해요. '생태적 사고'는 처음엔 무척 불편하고, 모든 사람이 이런 생각을 할 준비가 되어 있지 않을 수 있어요. 하지만 일단 이런 생각을 하게 되었다면 그 생각과 더불어 사는 방법을 익혀야 해요. 그리고 생태적 사고와 더불어 사는 방법을 익히고 나면 마음의 평화도 약간은 얻을 수 있겠죠. 지금껏 환경에 어떤 영향을 미쳤는지 깨닫고 극심한 공포와 슬픔이 밀려올 때 어떻게 대처해야 하는지 알게 될 테니까요.

지구를 돌볼 준비가 되어 있고 그럴 의지가 있는 사람들 곁에 함께 있음으로써, 불편한 진실을 인정하는 일이 괜찮다는 걸 모두에게 보여 줄 수 있어요. 불편한 진실을 받아들여야 하는 고통스러운 시기를 거쳐야 하지만, 기후 변화가 일어나지 않은 척하는 것보다는 낫답니다. 기후 변화라는 고통스러운 현실에 맞서면서도 행복, 다정함, 낙관주의를 품은 사람들을 만나면 항상 좋은 영향을 받기 마련이에요.

차근차근 해 봐요!

# 기후 공동체에 대해 알아봐요

### 기후 공동체란 무엇일까요?

공동체(community)는 관심 분야나 목적이 같은 사람들 모임이에요. 기후 변화에 관심 있는 공동체에서는 기후 변화를 막기 위한 캠페인 기획, 챌린지 영상 올리기 등의 활동을 하기 위해 함께 이야기를 나눠요. 종교 모임이나 독서 모임 등 이미 활동하고 있는 공동체에서도 기후 관련 주제를 다룰 수 있어요. 독서 모임이라면 한 달 혹은 분기별로 기후 관련 도서를 선정해서 읽고 토론할 수 있으니까요.

### 내가 공동체를 이끌 수 있을까요?

그럼요! 공동체는 어려운 개념이 아니에요. 나와 다른 사람들이 모여서 주기적으로 같은 관심을 공유하고 이를 바탕으로 서로 발전할 수 있다면 충분히 가능해요. 친구들을 모아 '일주일 동안 일회용품 사용하지 않기' 등 할 수 있는 활동부터 시작하면 돼요. 활동 후 느낀 점을 서로 공유하고 앞으로 할 활동에 대해 계획을 세우고 이야기를 나눈다면 좋은 시작이 될 수 있어요. 아니면 이미 활동 중인 모임이나 공동체를 찾아 시작해 보는 것도 좋아요. 청소년과 청년 중심으로 활동하는 단체를 소개할게요.

### 기후변화청년단체GEYK(긱)
instagram.org/geykkorea

2014년에 만든 비영리단체예요. 청년이 주축이 되어 다양한 캠페인과 교육, 법안 제안이나 정치적 목소리 내기, 국제 기후 변화 협상 참관 등 다양한 활동을 해요. 내 작은 실천으로 세상을 바꿀 수 있다는 생각으로 서로의 버팀목이 되어 주며 활발히 활동하고 있답니다.

### 청소년기후행동
youth4climateaction.org

한국 청소년을 중심으로 조직된 단체입니다. 기후 위기를 직접 보고 경험하는 당사자로서 기후 변화에 대응해야 한다는 목소리를 내고, 해결하기 위해 다양한 활동을 합니다. 국내에서 기후 소송을 이끌기도 했어요.

### 미래를 위한 금요일
Fridays for Future

미래로 가는 금요일이라고도 해요. 기후 변화가 지구 미래에 미치는 영향에 대해 걱정하는 학생과 청소년들이 모인 국제 교류 단체입니다. 2018년 8월 스웨덴의 그레타 툰베리가 기후 변화에 대한 더 적극적인 대책을 마련하라고 정부에 요구하고 등교를 거부하면서 시작되었어요. 전 세계에 지부를 두고 있는데, 한국에서는 청소년기후행동에서 앞장서 활동합니다. 다른 나라 청소년은 어떤 활동을 하는지 살펴보면 여러분이 행동하는 데 큰 도움이 돼요.

차근차근 해 봐요!

# 귀 기울여 듣는 법

속상한 마음이 들 때면 누군가 나를 도와주거나 지지해 줬으면 하는 생각이 들기 마련이에요. 다들 마찬가지랍니다. 그러니 누군가가 힘들다며 찾아온다면, 그 사람의 이야기에 귀를 기울여 기분이 나아질 수 있도록 최선을 다해 도와야 해요.

### 1. 충분한 시간 주기

때로는 무언가를 설명할 마땅한 단어 찾기가 어려울 수 있어요. 여러 번 시도해야 할 때도 있고요. 말하는 사람이 곧장 요점을 말하지 않더라도 인내심을 발휘해 보세요.

### 2. 관심 보이기

지루해하거나 다른 일이나 했으면 좋겠다는 식으로 행동하는 사람에게 무언가를 얘기하는 것만큼 끔찍한 일도 없어요. 말하고 있는 사람과 눈을 맞추는 등 신체 언어를 통해 상대방에게 관심이 있음을 드러내 보세요.

### 3. 질문하기

질문을 던지는 것은 관심을 표현하는 좋은 방법일 뿐만 아니라, 상대방이 새로운 방식으로 생각할 수 있도록 돕기도 합니다. 가끔은 질문을 통해 스스로 배운 내용에 대해 깜짝 놀라기도 하죠!

### 4. 모든 것을 해결하려 들지 않기

속상한 사람을 보면 서둘러 해결책을 내놓고 싶은 마음이 들 수 있어요. 하지만 누가 봐도 명확해 보이는 해결책이라면 이미 상대방도 생각해 보지 않았을까요? 그런 해결책을 제시하는 것은 별 도움이 되지 않을뿐더러, 상대방을 짜증 나게 만들 수도 있어요. 다정하게 귀 기울여 주기만 해도 충분하답니다. 모든 걸 해결하려고 할 필요는 없어요!

### 5. 판단하지 않고 듣기

반응하기보다는 듣는 데에 집중해 보세요. 상대방이 말한 내용에 감정적으로 반응하다 보면, 다음번에 말하려는 내용을 가로막을 수 있거든요. 상대방이 느끼는 불행이 어마어마할 수 있으니, 정말 친구가 걱정된다면 의지할 수 있는 어른에게 도움을 청하세요. 모든 것을 혼자 감당해야 한다고 생각하지 마세요.

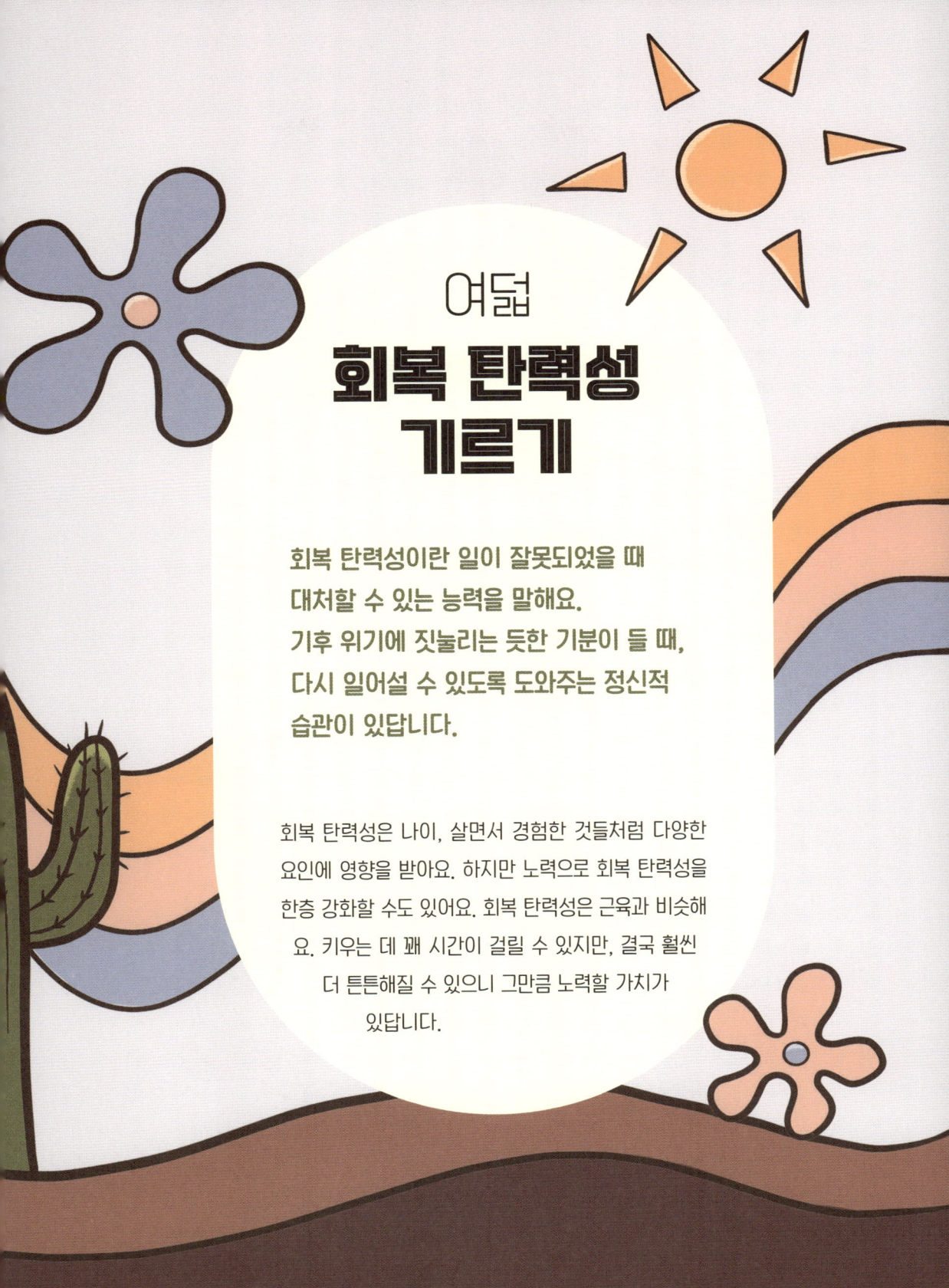

여덟

# 회복 탄력성 기르기

회복 탄력성이란 일이 잘못되었을 때 대처할 수 있는 능력을 말해요. 기후 위기에 짓눌리는 듯한 기분이 들 때, 다시 일어설 수 있도록 도와주는 정신적 습관이 있답니다.

회복 탄력성은 나이, 살면서 경험한 것들처럼 다양한 요인에 영향을 받아요. 하지만 노력으로 회복 탄력성을 한층 강화할 수도 있어요. 회복 탄력성은 근육과 비슷해요. 키우는 데 꽤 시간이 걸릴 수 있지만, 결국 훨씬 더 튼튼해질 수 있으니 그만큼 노력할 가치가 있답니다.

# 회복 탄력성은
# 어떻게 기르나요?

거센 바람에도 끄떡없는 식물로부터 회복 탄력성을 배울 수 있습니다. 야자수나 침엽수 같은 몇몇 식물은 바람이 많이 부는 곳에서도 잘 자라죠. 가지가 쉽게 구부러지고 잎이 좁아서 쓰러지지 않고 부드럽게 흔들릴 수 있거든요. 사람도 뻣뻣하게 가만히 있기보다는 야자수나 침엽수처럼 유연하게 생각하고 새로운 환경에 적응하는 능력을 기를 수 있어요.

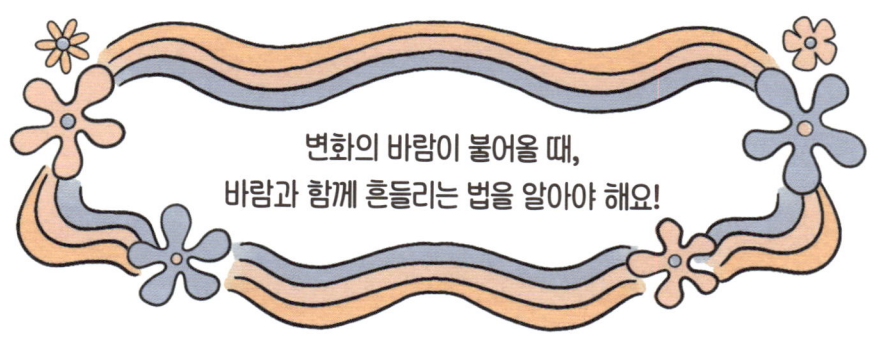

변화의 바람이 불어올 때,
바람과 함께 흔들리는 법을 알아야 해요!

회복 탄력성을 더욱 강화하려면 불확실성에 잘 대처하는 법을 익혀야 합니다. 이미 여섯 번째 단계 〈할 수 있는 일 실천하기〉에서 살펴보았듯, 말처럼 쉽지는 않아요. 하지만 여러분은 코로나19 팬데믹을 겪으며 살아가는 법을 경험하고 익혔어요. 단 몇 주 만에 온 세상이 바뀔 수 있고 수많은 사람이 극심한 어려움을 겪었지만, 그러한 이례적인 상황에서도 생존하는 기발한 방법을 찾아낼 수 있다는 사실을 알게 되었죠. 수백만 명이 집 안에 갇혔던 여러 달 동안에도 할 일을 찾아내곤 했어요. 채소를 길러 먹기도 하고 친구에게 편지를 쓰기도 했죠. 어떤 사람은 전보다 더 지혜로워지기도 했고요! 평소와는 다른 상황 속에서도 행복할 수 있다는 것은 회복 탄력성에 관한 아주 좋은 예입니다. 팬데믹은 바로 이 회복 탄력성을 연습할 기회를 상당히 많이 제공했고요.

코로나19 팬데믹 상황을 통해 세상이 우리 의지나 바람과는 관계없이 흘러간다는 사실을 알게 됐어요. 사람은 누구나 이것도 갖고 싶고 저것도 갖고 싶다고 생각할 수 있어요. 산업화 사회에 살면서 우리는 삶의 많은 부분이 안정적이고, 우리가 통제할 수 있다고 생각하도록 길들었어요. 집은 겨울에는 따뜻하게, 여름에는 시원하게 지낼 수 있는 공간을 제공해 준다고요. 신선한 과일과 채소는 일 년 중 어느 때라도 먹을 수 있고요. 그뿐 아니라 경제 체계는 모든 게 매끄럽게 흘러가고 있다는 인상을 줍니다. 실제로 그렇지 않을 때조차도요. 수많은 사람이 변화에 질겁한다는 사실이 그다지 놀랍지는 않아요. 하지만 이런 삶의 방식은 건전하지 않습니다.

  기후 변화가 언제 어떻게 본격적으로 영향을 미치게 될지 정확히는 알 수 없어요. 하지만 언젠가는 분명 그러리라는 사실은 꽤 확실하죠. 또 기후 변화 속도를 늦추기 위해 싸우고 있다는 점은, 이 변화가 바람직하지 않음을 뜻합니다. 그렇다고 해서 반드시 끔찍한 미래가 닥친다는 의미는 아니에요. 분명 지금과는 다른 미래가 오겠지만, 다름이 항상 나쁘지는 않거든요. 하지만 "어차피 우리는 적응할 테니까 기후 변화는 중요하지 않아."라고 말하려는 것은 아니에요. 그보다는 자신을 믿어야 한다고 말하고 싶어요. 기후 변화가 일어나고 있음을 알고 있으니, 우리가 마주한 새로운 어려움에 기발한 방법으로 대처하리라고요. 어떤 생명이든 생명은 회복 탄력성이 있습니다. 식물은 자라고, 상처는 낫고, 생물 종은 적응합니다. 생명은 새로운 환경에 순응합니다. '생명력'이 바로 그런 뜻입니다. 생명 그 자체는 계속 이어지기를 바라는 듯 보입니다.

우리가 부모님 세대처럼 모든 물질적인 혜택과 편안함을 누릴 수 있어야 한다고 생각하기보다는, 그럴 가능성이 작다는 사실을 인정해야 합니다. 그리고 그래도 괜찮을 거라고도요. 우리가 너무 당연하게 여기는 모든 기술과 돈과 치료제는 어떤 측면에서 보면 상당히 특별한 것들이랍니다. 앞선 수천 년 동안 이런 것들 없이도 인류가 살아왔을 뿐만 아니라, 오늘날 전 세계 수많은 사람이 여전히 이런 것들이 없는 상태로 살고 있으니까요.

내일도 오늘과 같으리라는 기대감을 버릴수록 변화에 두려움을 덜 느끼게 돼요.

어쩌면 내일은 오늘과 아주 조금 다를지도 모릅니다. 혹은 매우 많이 바뀔 수도 있고요. 어떤 것들은 더 낫게 바뀌기도 하지만, 더 나쁘게 바뀌기도 하겠죠. 정작 어떻게 바뀔지 우리는 알 수 없습니다. 기후 위기를 겪으며 살아가야 하는 젊은 세대, 그리고 여러분에게 어떤 미래를 그려야 할지 상상하기란 어려운 일일 수 있어요. 어른은 상대적으로 남은 미래가 그다지 길지 않아요. 심지어 아주 끔찍할 정도로 어려운 일도 극복할 수 있음을 살면서 깨달았고요. 여러분도 곧 그렇게 될 수 있어요. 때때로 가장 두려워하는 일이 실제로 벌어지기도 하고, 그걸 극복하는 경험도 하게 될 테니까요. 하지만 모든 식물과 마찬가지로, 궂은 날씨에 얼마나 잘 견디는지와 상관없이 양질의 흙과 물 같은 튼튼한 기반을 갖는 게 도움이 됩니다. 자, 그럼 차근차근 따라 해 보며 세상에서 가장 회복탄력성이 좋은 생명체로 성장할 수 있는 바탕을 다져 볼까요?

어떤 미래가 닥치든
열린 마음으로
맞이할 수 있습니다.

차근차근 해 봐요!

# 이런 사고방식은 버려요

회복 탄력성을 기르는 데 방해되는 습관 몇 가지를 알아보려고 해요. 또 이런 습관을 바꿔 기후 불안감에 대처하는 방법도 소개할게요.

### 재앙화하기

재앙화한다는 말은 최악의 경우를 상상하고 반드시 그렇게 될 것처럼 행동하는 상태를 말해요. 하지만 미래에 무슨 일이 벌어질지 누구도 알 수 없을뿐더러, 때때로 나쁜 일이 벌어져도 사람들이 기발한 방법으로 대응하곤 한다는 점을 기억하세요.

### 절망감 품기

이런 사고방식은 불행한 일이 잇따라 일어나는 설상가상과 같아요. 절망감은 지금 당장 우리를 슬픔에 빠뜨리는 데다가, 더 나은 결과로 나아가려는 마음을 꺾어 버리니까요. 변화를 위해서는 희망을 품어야 해요. 희망의 불씨를 꺼뜨리지 말고 더 밝은 미래를 위해 애써야 합니다.

### 죄책감 느끼기

기후 위기는 여러분 잘못이 아니에요!
산업화 사회에서 태어난 사람이라면
기후 친화적이지 않은 행동을 하기
마련이거든요. 우리 모두 이 문제를 해결하기
위해 나아가는 길 위에 있고요.
여러분만의 잘못이 아닙니다.

### 거듭 생각하기

때때로 생각이 쳇바퀴처럼
같은 자리를 맴돌 때가 있어요. 마치 소가 입에 문
여물을 끝도 없이 되새김질하며 소화하려는 것처럼요.
사람들은 해결할 수 없는 문제가 발생했을 때 '그때 이렇게
했더라면 다른 결과가 있지는 않았을까?'라고 생각하곤
해요. 후회는 문제를 해결하는 데 도움이 되지 않는데도
이런 생각을 떨치기가 쉽지 않죠. 하지만 과거에 한 행동을
되돌아봤다는 건 이미 앞으로 할 행동이 변화하기
시작한 것과 같아요. 그러니 지금은 그것만으로도
충분하다고 마음으로 되뇌어 보세요.

### 흥분하며 화내기

개인이나 기업의 이익을 위해 지구를
망가뜨리는 사람들을 생각하면 몹시 화가
치밀어 오르죠. 하지만 기후 행동은 증오보다
사랑을 바탕으로 할 때 더 큰 힘을 발휘합니다.
사랑이라는 감정은 우리 마음에 평온함을
가져다주고, 멀리 보면 더 많은 사람을
기후 행동에 끌어들여 더 큰 변화를
이룰 수 있거든요.

회복 탄력성 기르기

차근차근 해 봐요!

# 회복 탄력성을 구성하는
# 다섯 가지 기둥

### 1. 휴식

피곤하면 감정을 다루기가 더욱 어렵습니다. 휴식은 세상에서 가장 친환경적인 활동이기도 해요. 그러니 필요한 만큼 충분히 휴식하세요. 혹시 불면증을 겪는다면, 잠들지 못한 채 누워만 있다고 걱정하지 마세요. 걱정은 전혀 도움이 안 돼요. 누워서 쉬기만 해도 실제로 잠자는 것의 60%만큼 효과가 있대요. 그러니 잠이 오지 않는다고 걱정하는 대신, 누워서 푹 쉬세요.

### 2. 건강

신체 건강은 감정을 잘 조절하고, 에너지 수준을 유지하는 데 무척 중요합니다. 가벼운 산책만 해도 몸에서 행복 호르몬을 만들어 내거든요. 또 다양한 채소로 구성된 식단은 여러분 건강뿐만 아니라 지구 건강에도 좋답니다.

## 3. 자율성

여러분 스스로 변화를 일으킬 수 있다는 감각을 갖는 거예요. 때로는 어떤 게 효과가 있고 없는지를 알려면 약간의 시행착오가 필요합니다. 당장은 여러분 삶에 자그마한 변화밖에 일으키지 못한다고 하더라도, 그것만으로도 충분히 멋진 일이에요. 여러분이 자라면서 더욱 다양한 방법을 활용해 지구에 도움이 되는 행동을 할 테니까요.

## 4. 공동체

친구와 가족 간의 원활한 소통은 정서적인 안정에 도움이 됩니다. 더 큰 행동을 하고, 더욱 효과적인 변화를 이끄는 데도 도움이 되죠. 그렇지만 모든 사람이 친구가 많거나 안정적이고 사랑이 넘치는 가족이 있는 것은 아니에요. 내 편을 찾는 데 시간이 더 걸릴 수도 있고요. 하지만 희망을 잃지는 마세요.

## 5. 적극적인 희망

희망에는 적극적인 희망과 소극적인 희망이 있어요. 소극적인 희망은 간절히 기도하며 최선의 결과가 벌어지기를 바라기만 해요. 이래서는 위기를 해결하지 못하죠. 하지만 적극적인 희망은 달라요. 더 나아지도록 만들 수 있다는 희망이에요. 적극적인 희망을 품으면 뭐든 항상 시도할 만한 가치가 있다는 생각이 든답니다.

아홉

# 자기 돌봄 실천하기

'자기 돌봄'이라는 말을 들어 본 적이 있나요?
자기 돌봄은 나 자신을 돌보는 행동입니다.

기후 불안감을 받아들이는 과정에서 건강하고 행복한 삶을 뒷받침하던 것들을 잊고 지내기 쉬워요. 기후 불안감을 잠시 내려놓고, 내게 즐거움을 주는 활동이나 나의 내면을 한층 깊이 있게 성장시킬 수 있는 활동을 하면서 자기 돌봄을 실천해 보세요. 둘 다 해 볼 만한 가치가 충분하답니다. 그리고 남을 돌볼 수 있으려면 자신을 먼저 돌볼 줄 알아야 해요.

## '빈 컵을 비울 수는 없다' 이런 말을 들어 봤나요?

인간인 우리가 서로를 효과적으로 돌보려면 자기 자신을 먼저 돌봐야 해요. 이미 비어 있는 컵을 비울 수 없다는 말은 바로 이런 뜻이에요. 비행기를 타면 승무원이 "비상 상황이 발생할 경우, 어린아이를 동반한 보호자는 먼저 보호자가 산소마스크를 착용하셔야 합니다"라고 안내해요. 이유는 아이가 있는 부모라면 자신이 먼저 산소마스크를 착용해야 한다고 생각하지 못하기 때문이죠. 하지만 부모가 먼저 산소마스크를 재빠르게 착용하는 게 중요합니다. 산소가 없다면 신체적으로 다른 사람을 돌볼 수 없을 테니까요. 현재 세계의 위기와 급격한 변화에 불안감을 느낄 때도 마찬가지예요. 여러분도 이 세상을 구성하는 중요하고 귀한 존재라는 사실을, 여러분 스스로 깜빡 잊기 마련입니다. 그뿐만 아니라 여러분이 문제를 해결하기 위해 행동할 수 있으려면 몸과 마음 모두 최상의 상태를 유지해야 해요.

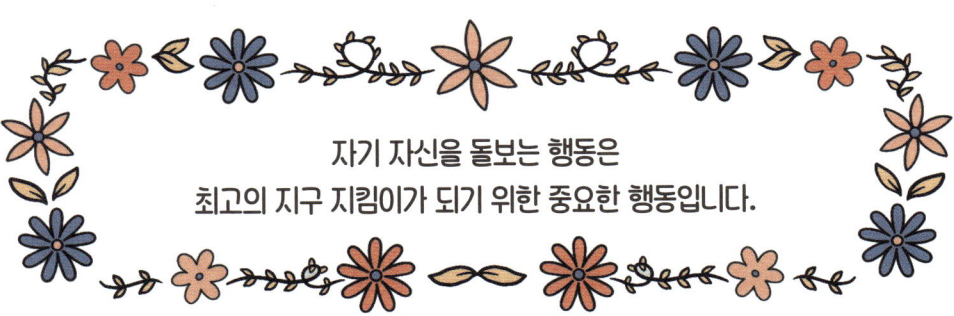

자기 자신을 돌보는 행동은
최고의 지구 지킴이가 되기 위한 중요한 행동입니다.

여러분에게 희망과 열의가 남아 있지 않거나 여러분 자신이 그다지 마음에 들지 않는다면, 포기하고 싶은 유혹에 넘어가기 쉬워요. 이런 태도와 생각이 그다지 좋지 않다는 데에 여러분도 동의할 거예요. 현실을 받아들여 슬픔을 느끼는 것만큼 행복감과 열의를 충전하는 일도 매우 중요합니다. 내용물을 비우고 몇 번이고 다시 채울 수 있는 개인 컵처럼 긍정적인 기분을 다시 채운다고 생각해 보세요. 위기가 한창 진행되고 있는데, 좋은 기분을 느끼는 게 애당초 가능하기나 하냐고요? 제 대답은, "네, 가능해요."입니다.

몇 년 전에 태즈메이니아에서 활동하는 의사와 이야기를 나눌 기회가 있었어요. 오스트레일리아 동남쪽에 있는 섬, 태즈메이니아는 2019년~2020년에 발생한 대형 산불로 큰 피해를 입었어요. 의사를 찾아오는 환자뿐만 아니라 의사 본인도 기후 변화로 발생하는 자연재해 때문에 스트레스를 받고 있었어요. 의사는 기후 변화 스트레스에 대처할 수 있는 유일한 방법이 '기능적 부정'이라고 말했어요. 저는 "기후활동가라면 현실을 부정하지 않고, 부정과 맞서 싸워야 하지 않나요?" 하고 물었죠. 의사 말에 따르면 문제가 너무 압도적으로 느껴지는 탓에 정기적으로 문제에 관한 생각을 멈출 필요가 있다고 해요. 환자를 계속 돌보려면 지구상에서 무슨 일이 벌어지고 있는지 잠깐 잊어버릴 수 있는 일을 해야 한대요.

문제를 완전히 머릿속에서 몰아내는 게 아니라, 다른 일로 관심을 옮기는 행동이라고 생각해 보세요. 손바닥을 자세히 들여다보면 손바닥을 제외한 주변 모든 것들이 흐릿하게 느껴지죠. 손바닥 외부의 세계가 여전히 존재한다는 사실은 알지만요. 하지만 손바닥 주변은 시야 바깥으로 밀려나고, 손금과 울퉁불퉁한 손 모양새, 빛이 닿아 군데군데 반짝이는 피부에 온통 시선을 사로잡히게 됩니다. 이따금 인생에서 벌어지고 있는 문제에서 눈을 돌리면 도움이 될 때도 있어요. 중요한 사실은 이러한 주의 흩뜨리기 또는 '기능적 부정'은 여러분만을 위한 자기 돌봄 방법 가운데 하나이니 여러분 마음에만 들면 된답니다.

많이들 명상이나 요가를 추천하곤 하죠. 하지만 명상과 요가가 재미있어 보이지 않는다면 트램펄린 위에서 점프하거나 발레를 배워 보는 건 어때요? 아니면 종이접기를 하거나 어떤 래퍼보다 빠르게 속사포랩을 해 보면 어떨까요? 내용 그대로 어떤 활동이든 할 수 있답니다! 그리고 바로 이런 점이 인간이 특별한 이유이기도 하고요. 우리 모두는 서로가 다 달라요.

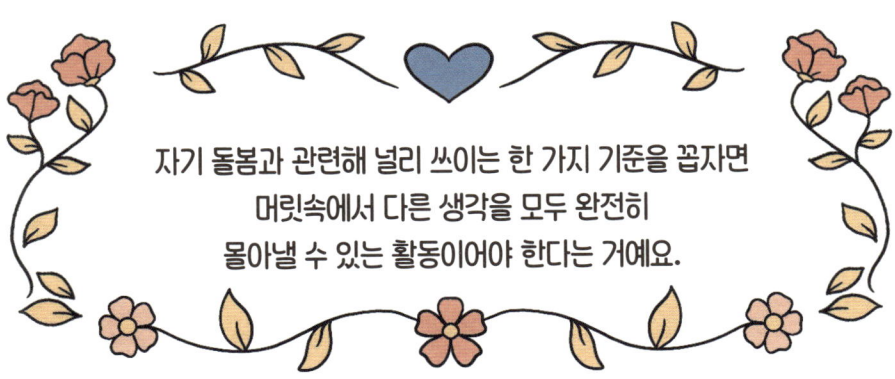

자기 돌봄과 관련해 널리 쓰이는 한 가지 기준을 꼽자면 머릿속에서 다른 생각을 모두 완전히 몰아낼 수 있는 활동이어야 한다는 거예요.

이런 활동이 지구를 돌보는 데 무척 중요한 일이 될 줄 누가 알았겠어요? 하지만 실제로 도움이 됩니다! 그 무엇도 지나치게 사소하거나 유별나지 않아요. 그저 여러분에게만 효과가 있으면 됩니다.

이 말은 꼭 해야겠네요. 우리가 좋아하는 어떤 활동은 지구에 좋지 않다는 사실을요. 이런 활동은 당연히 자기 돌봄 행동으로 해서는 안 되겠죠. 기능적 부정이란 우리가 제 기능을 할 수 있도록 도움을 주는 일시적인 부정을 뜻해요. 동시에 환경과 관련해서도 '기능적'이어야 하죠. 응급 상황에서 눈을 돌리기 위해 패스트 패션(유행에 따라 빠르게 바뀌는 옷의 꾸밈새)을 구입하는 행동은 '비기능적 부정'이라고 할 수 있으니까요. 그리고 이런 활동은 기분을 더 나아지게 하는 데에도 전혀 도움이 되지 않아요!

차근차근 해 봐요!

# 내게 딱 맞는 자기 돌봄 활동 찾기

개인의 특성에 따른 자기 돌봄 활동을 몇 가지 소개할게요. 여러분은 각자 무척 고유하며 어떤 '유형'으로도 분류할 수 없다는 걸 알지만, 적어도 어떻게 시작하면 좋을지에 대한 아이디어는 얻을 수 있을 거예요. 어쩌면 아래에 소개하는 특성을 조금씩 다 가지고 있는 사람도 있을 테고요. 여러분이 바로 그런 사람이라면, 복합적인 활동을 해 보세요!

**외향적인 사람을 위한 자기 돌봄**

친구와 얘기해 보세요. 친구 열 명과 모여 얘기해 보면 어떨까요? 파티를 하거나 우스꽝스러운 옷을 입고 외출해 보세요. 아니면 다른 사람이 말을 걸지 않고는 못 배기게 관심을 사로잡는 머리 모양을 해 보면 어떨까요?

**내향적인 사람을 위한 자기 돌봄**

책을 읽고 팟캐스트를 들어 보세요. 집에 나만의 둥지를 만들어 보세요. 수공예품을 만들거나 친구와 이야기를 나눠 보세요. 한 번에 열 명씩은 아니더라도요. 내향적이라고 친구가 없는 건 아니니까요!

### 스포츠를 좋아하는 사람을 위한 자기 돌봄

산책이나 달리기를 하고, 수영하고, 자전거를 타 보세요. 이런 활동을 한 번에 연이어서 해도 되고요! 줄넘기를 몇 번이나 할 수 있는지 세어 보세요. 얼마나 높이 뛸 수 있는지 측정하는 방법을 새롭게 연구해 봐도 좋겠어요.

### 느긋한 사람을 위한 자기 돌봄

잠을 충분히 자세요. 거품 목욕도 하고요. 카펫 위에 누워 천장을 멍하니 바라보세요. 어렸을 때 좋아하던 영화를 감상하세요. 이미 수백 번 봤어도 괜찮아요. 그렇게 많이 볼 정도로 좋아한다면 한 번 더 보지 않을 이유가 있나요?

### 공부를 좋아하는 사람을 위한 자기 돌봄

다른 나라의 언어를 배워 보세요. 아인슈타인의 이론을 공부해 보는 건 어떨까요? 그리스 로마 신화에 나오는 신들을 파고들어 보세요. 물이 언제 액체 상태가 되는지 알아보세요.

자기 돌봄 실천하기

차근차근 해 봐요!

# 나만의 **특성을** 길러요

### 1. 친절

미래에는 자원이 너무나도 부족한 나머지 생존을 위해 모두가 서로의 적이 된다는 무시무시한 오해가 있답니다. 하지만 상황이 점점 어려워질 때 서로를 돕는 미래도 충분히 있을 수 있어요. 상대를 향한 친절한 마음만 있다면 지금 당장 그 미래를 실천할 수도 있고요.

### 2. 호기심

호기심이 많은 사람은 좋은 질문을 던지고 좋은 대답을 찾아내요. 다시 말해, 문제 해결사는 새로운 세계와 가능성에 열려 있는 사람이라는 뜻입니다. 호기심은 또한 잘 어울리는 데 도움이 되는 특성이에요. 다른 사람의 생각에 관심을 갖는 것도 호기심에 포함되거든요.

## 3. 용기

불확실한 미래를 향해 나아간다는 것은 어마어마한 용기가 필요하다는 말을 꼭 해야겠어요. '기능적 부정'과 비슷하게, 용기를 내려면 머릿속에서 어떤 생각은 뒤로 밀어 둬야 한답니다. 그래야 해야 하는 일을 해낼 수 있거든요. 용기와 희망은 단짝입니다. 용기와 희망은 서로가 필요해요.

## 4. 감사

우리는 지구라는 가장 독특한 행성에 살아요. 이러한 독특함을 과학적으로 잘 이해할 수 있는 시기에 살고 있기도 하고요. 지구 생태계가 먹이사슬에 따라 자연스럽게 순환하고, 물과 에너지가 순환하면서 지구를 건강하게 유지하는 일이 얼마나 놀라운지도 알고 있죠. 살아 있다는 사실에 기쁨을 느껴 보세요.

## 5. 차분함

차분함은 기르기가 가장 어려운 특성 중 하나입니다. 하지만 차분함은 다른 사람에게 전염되는 특성이 있어요. 그러니 때로는 걱정거리를 모두 흘려보내고 지금 이 순간을 충실히 누리는 방법을 생각해 보세요. 그럴 만한 가치가 충분하답니다.

# 열
# 자연과 교감하기

자연과 교감하기는 광활한 자연 세계와 밀접하게 맞닿아 있음을 느끼는 거예요. 우리 기분을 좋게 만드는 관계랍니다.

사람마다 자연을 체험하는 방식은 다 달라요. 자연과 교감하고자 하는 이유도 제각각이죠. 자연과 강하게 교감한다는 것은 우리를 둘러싼 주변과 가까운 관계를 맺고 있다고 느끼는 것을 말해요. 자연을 마주할 때 여러분이 그저 소극적인 관찰자가 아니라, 적극적으로 자연 세계 일부를 구성하고 있다는 사실을 떠올려 보세요.

# 자연은 항상 우리 주변에 존재했답니다

대략 250년 전에 산업 혁명이 일어났어요. 영국, 유럽, 미국에 살던 사람들이 기계와 화학 물질에 더욱 크게 의존하기 시작한 시기죠. 이 시기에 사람들은 자연이 존재하는 목적을 놓고 의견이 갈렸어요. 자연은 끔찍하고 파괴적인 힘을 가지고 있어 통제하고 길들여야 하는 대상일까요? 아니면 우리가 돌아가야 할 축복받은 보금자리일까요? 글쎄, 여러분은 아마도 거의 확실하게 두 번째라고 답할 듯하지만, 그렇게 단순하지는 않아요.

자연이 매력적이고 좋다는 사고방식은 '문명'이라는 렌즈로 자연을 바라볼 때만 가능한 태도예요. 문명은 인간이 이루어 낸 다양한 발전들과 긴밀하게 연결되어 있죠. 도시에 거주하는 사람들은 기계화된 농법으로 생산한 밀로 만든 부드러운 빵을 먹으면서, 매력적인 자연과 멀어지고 말았다고 한탄해요. 하지만 그런 말은 안락한 도시에 거주하는 사람들이기에 할 수 있는 말인지도 몰라요. 여러분이 안락하게 맛있는 빵을 먹을 수 있는 것은 여러분을 대신해 자연을 돌보는 사람들 덕분이에요. '돌본다'는 건 사실 '파괴한다'는 의미이고요. 다시 말해, 여러분이 직접 자연을 훼손할 일이 없으니 자연을 이상적인 곳이라고 생각하는 것일 수 있답니다.

산업화에 따라 자연과 분리된 삶을 사는 사람들이 점점 늘어났어요. 요즘에는 산업화의 영향을 받지 않은 사람을 찾아보기가 더 어려워요. 어떤 사람들은 꽃 시장이나 마트에서 파는 꽃 말고 다른 꽃은 본 적이 없을 정도죠. 여러분이 시골 한복판에 산다고 해도 오늘날에는 자연과 맺는 관계가 산업화로부터 자유롭지는 못합니다. 그렇다면 진짜 자연은 어디에서 찾아볼 수 있을까요? 여러분이 생각하는 자연은 무엇인가요?

도심에 있는 공원에서 자연을 찾을 수 있을까요? 동물원에서는요? 끝없이 펼쳐진 싱그러운 초록색을 띤 시골 논밭에서는요? 아니면 원시림을 찾아가거나 해저 밑바닥까지 가야 할까요? 그런데 자연에 도착하면 무얼 할 건가요? 사진을 찍을 건가요? 아니면 경이로움에 휩싸여 잎사귀를 매만지고 맞닥뜨리는 생명체에게 손을 흔들 건가요?

　어쩌면 우리가 반드시 이해해야 하는 가장 중요한 사실은, 자연은 우리가 만나려고 찾아가야 하는 '저기 어디'에 존재하는 게 아니라는 점이에요. 자연은 어디든 존재해요. 대도시에 사는 사람은 일상생활 속에서 자연과 접하기 어렵다고 생각할지 몰라요. 무성하게 자란 이파리를 볼 일이 별로 없다고 말이죠. 하지만 우리를 둘러싼 공기도 자연 세계의 일부입니다. 보통은 이 사실을 잊고 지내기 쉽지만, 공기는 늘 움직이고 있고 불어닥쳤다가도 온화해집니다. 또 우리가 매연을 많이 배출하면 할수록 자연인 공기는 오염되고요. 눈코 뜰 새 없이 바쁜 도시에서도 러시아워가 시작되기 전 이른 아침이라면 동물을 찾아볼 수 있어요. 벌레부터 새, 토끼, 쥐까지 구석구석에서 자연과 만날 수 있답니다. 보도블록 틈새로 자라난 잡초도, 길거리를 따라 심어 둔 덤불도 자연이니까요.

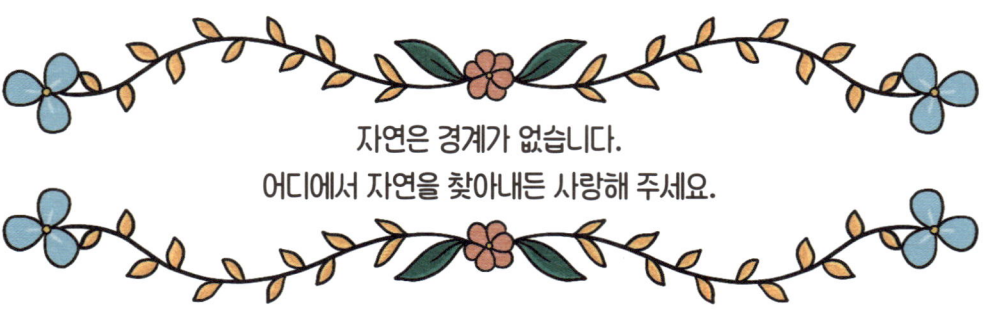

자연은 경계가 없습니다.
어디에서 자연을 찾아내든 사랑해 주세요.

자연은 우리에게 큰 도움을 준다고 해요. 연구에 따르면 자연과 더 깊게 교감하는 사람일수록 행복감을 더 많이 느끼고, 환경에 긍정적인 영향을 미치는 행동을 더 많이 한다고 해요.

그렇다고 자연과 교감한다는 게 따로 시간을 내 특별한 경험을 한 뒤, 일상으로 복귀하는 것을 의미하지는 않아요. 마찬가지로 자급자족하는 지역 사회에서 살아야 한다는 뜻도 아니고요. 자연과 교감한다는 것은 이 세상이 얼마나 광대한지를 깨닫고, 그 안에 어마어마하게 경이로운 생태계가 형성되어 있음을 이해하는 거예요.

산맥이나 정글이나 야생 그대로의 해변을 본 적이 있다면, 훼손되지 않은 자연 속에 머무는 경험이 사고방식에 영향을 미친다는 말을 이해할 거예요. 너무나도 장엄하고 인상적이기 때문에 내가 가진 걱정거리들이 사소하게 느껴지죠. 수억 년 된 암반층, 거대한 식물, 파도 타는 바다표범을 바라보면 흥분하게 됩니다. 자연에는 우리 마음을 사로잡을 수 있는 게 엄청나게 많아요. 끝없이 매력적이고 아름답죠.

하지만 도시에서도 자연 상태 그대로를 살려 가꾼 멋진 식물원을 찾아볼 수 있어요. 이런 곳에 가면 자연의 힘을 온몸으로 느낄 수 있죠. 인구 밀도가 높은 곳에서도 철길을 따라 빽빽하게 자란 식물이나 일부러 키우지 않은 무성한 잎들을 볼 수 있어요. 열린 마음으로 자연을 찾는다면 어디서든 발견할 수 있답니다. 일부러 멀리까지 가지 않더라도요.

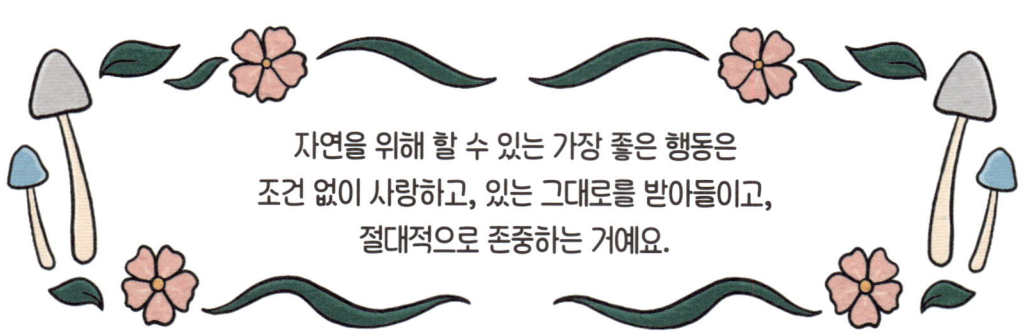

자연을 위해 할 수 있는 가장 좋은 행동은
조건 없이 사랑하고, 있는 그대로를 받아들이고,
절대적으로 존중하는 거예요.

여러분이 어떤 사람이든, 지금 어디에 있든 자연을 사랑할 수 있습니다. 돈이나 교통수단, 누구의 허가도 필요하지 않아요. 오로지 공감과 이해, 그리고 열린 마음만 있으면 된답니다.

자연은 찾아가야 하는 곳이 아니에요.

자연은 늘 우리 주변에 있습니다.

차근차근 해 봐요!

# 자연과 교감하는 법

**1. 집 앞에 자란 식물 발견하기**

자연은 어느 하나 놀랍지 않은 게 없습니다. 달걀꽃이라 불리는 개망초나 민들레가 콘크리트 틈새를 비집고 피어나는 모습은 정글을 보는 것만큼이나 놀라운 일이죠. 민들레는 특히 꽃가루를 옮기는 곤충에게 인기가 많습니다. 정원에 민들레가 있다면 뽑지 말고 두세요. 정원 한가운데에 피었다고 하더라도요!

**2. 생물 찾아보기**

생태계에서는 귀엽고 예쁜 생김새가 크게 중요하지 않습니다. 모든 생물이 소중하죠. 심지어 매우 위험하거나, 냄새가 지독하거나, 독침이 있는 동물이라도 모두 자기 자리가 있어요. 말벌도 그렇답니다. 말벌은 꽃가루를 매우 잘 옮길 뿐만 아니라, 진딧물처럼 작물을 해치는 곤충을 잡아먹어요.

## 3. 인류 역사 공부하기

과거의 잘못을 되풀이하지 않는 미래를 맞이하려면 역사를 잘 알아야 합니다. 산업화와 세계화를 공부하고, 그러한 현상이 오늘날 우리가 사는 세계를 어떻게 형성했는지 살펴보세요.

## 4. 날씨에 관심 갖기

식물과 동물만 인간의 생존을 좌우하지는 않습니다. 날씨도 영향을 미쳐요. 일기 예보를 듣는 데 그치지 말고, 날씨가 어떻게, 왜 나타나는지 알아보세요. 바람은 왜 불고, 비는 어떻게 내리고, 안개는 왜 걷히는지 말이에요. 모든 날씨를 아름답게 느낄 수 있답니다!

## 5. 우주에 대해 생각하기

이따금 지구에서의 삶이, 지구에서 벌어지는 상황이 감당하기 어려울 정도로 크게 위협적으로 느껴질 때가 있어요. 지구에서 벌어지는 사건에 허덕일 때, 우주를 생각하면 큰 위안이 될 수 있습니다. 크게 보면 온 우주가 '자연'인 셈이니까요.

차근차근 해 봐요!

# 오감으로
# 오롯이 느껴 봐요

'삼림욕'이라고 들어 봤나요? '숲에서 목욕하기'라는 뜻이에요. 보통 병을 치료하거나 건강을 위해 숲을 거닐거나 누워서 좋은 기운을 쐬죠. 모든 감각을 활용해 자연과 교감하면서 마음을 가라앉히고 자연의 치유 효과를 누리는 셈이에요. 꼭 숲이 아니어도 괜찮아요. 여러분 주변에서 찾을 수 있는 자연이라면 어디든 좋답니다.

### 후각

식물이 뿜어내는 은은한 향을 느껴 보세요. 장미와 라벤더만 멋진 향을 뿜지는 않아요. 잔디나 이슬 맺힌 풀잎에서도 마음을 달래는 달콤한 향이 난답니다.

### 촉각

식물 고유의 질감을 느껴 보세요. 어떤 식물은 뻣뻣하고 윤이 나지만, 어떤 식물은 부드럽고 연약해요. 땅 위에 누워 등에 닿는 지구의 단단함을 느껴 보면 어떨까요? 나무껍질을 손으로 쓸어 보거나 나무를 한 아름 안아 봐도 좋답니다.

### 시각

나뭇잎 사이로 하늘을 올려다본 적 있나요? 아니면 자연의 아주 자그마한 부분을 놀랄 만큼 세세하게 담아내도록 가까이에서 사진을 찍어 보는 건 어떨까요? 온 우주에서 그 자그마한 부분을 그렇게나 집중해서 본 사람은 아마 여러분이 맨 처음일 거예요.

### 미각

먹을 수 있는 야생 식물에 대해 잘 아는 친구나 가족이 있다면 산이나 숲에 같이 가 달라고 부탁해 보세요. 야생 마늘이나 차를 우려 마실 수 있는 쐐기풀을 찾을 수 있을지도 몰라요. 숲이나 산에서 식물 채취가 가능한지 꼭 미리 알아본 뒤에 말이에요.

### 청각

귀를 열고 새와 곤충 소리에 귀를 기울여 보세요. 나뭇잎을 스치는 바람 소리도요. 이 세상에서 자연의 소리보다 더 훌륭한 곡을 쓸 수 있는 작곡가는 없답니다. 그 어떤 기술도 여러분을 둘러싼 주변 환경에서 펼쳐지는 생명의 소리를 완벽하게 담아낼 수 없어요.

자연과 교감하기 139

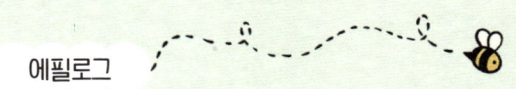

## 이제, 여러분에게 기후 불안감이란 무엇인가요?

제 생각을 담아낼 수 있는 공간을 갖게 되어 영광입니다. 제 생각이 조금이라도 여러분에게 도움이 되었으면 합니다. 사실 온전히 저만의 생각이라고는 할 수 없어요. 여러 사람의 생각을 한데 엮어 소개했으니까요. 여러분의 감정을 천천히 곱씹으면서 받아들이는 시간을 가지세요. 다음 책장을 넘기면 여러분에게 기후 불안감이란 무엇인지를 여러분 스스로 표현할 수 있는 여러 방법을 살펴볼 수 있습니다.

30년 전에 기후와 관련한 첫 책을 펴냈을 때, 두려워할 만한 환경 변화는 수 세대 후에나 벌어지리라고 생각하는 사람이 대다수였어요. 그러나 충격적인 사실은 지구 온도가 조금만 상승하더라도 기후 체계와 생태계는 매우 빠르고 크게 변화할 수 있다는 점이었답니다.

제 세대가 해야 할 일을 충분히 하지 못한 듯해 무척 유감입니다. 기후 변화는 어떤 측면에서는 예상할 수 있었지만, 그렇지 못한 측면도 있습니다. 기후 변화가 다가오고 있다는 사실을 알고 있었지만, 모르고 있기도 했고요. 심지어 지금도 기후 변화가 정확히 어떤 식으로 전개될지 모릅니다. 하지만 지금 우리가 세계를 바라보는 방식과 앞으로 지구에서 살아가는 방식을 바꿀 상상도 못 한 사건이 벌어지리라는 건 분명해요. 이는 인류에게 위기이기도 하지만, 인류가 이러한 변화에 적응해 새로운 삶의 방식을 찾아내리라는 희망 또한 있어요. 전 세계 사람들은 필요한 변화를 위해 부단히 애쓰고 있습니다. 여러분도 그 싸움에 동참하겠죠. 우리의 가장 강력한 힘은 사랑이라는 사실을 항상 기억하세요. 우리의 모든 사랑과 그 사랑에서 비롯한 행동을 한데 합친다면, 밝은 미래를 맞을 수 있을 테니까요.

저처럼 글쓰기를 통해 감정을 드러내 보세요. 글을 쓰기 전에 먼저 지금까지 알게 된 것들을 돌아보는 시간을 가지세요. 여러분처럼 공포감을 느끼는 사람이 많다는 사실을 깨닫는 것이 가장 중요할지도 모르겠습니다. 기후 불안감 분야를 연구하면서 저는 종종 이런 기분과 감정에 대해 다른 사람들과 이야기를 나누면 도움이 된다는 글을 자주 보곤 합니다. 이따금 저조차도 '대체 이게 다 뭐람?' 하는 생각이 들기도 해요. 그럴 때면 친구 혹은 때로는 낯선 사람과 대화를 나누곤 하죠. **기후 위기에 관해 이야기를 나누면 정말 큰 도움이 돼요.** 때로는 여러분에게만 도움이 되기도 하지만, 때로는 다른 사람에게 도움이 되기도 합니다. 우리 모두가 기후 위기에 대해 충분히 이야기를 나눈다면 지구에도 분명 도움이 될 거예요.

그리고 꼭 기억하세요. 감정을 느끼는 것을 두려워하지 마세요. 거대한 문제가 여러분을 짓누르게 내버려 두지도 말고요. 자기 자신을 돌보고 회복 탄력성을 기르세요. 무엇보다도 여러분이 행동에 나설 때 지구 사랑하는 마음을 표지판으로 삼으세요. 오브리 마이어라는 아주 멋진 기후활동가가 있어요. 오브리는 훌륭한 바이올리니스트이자 작곡가이기도 해요. 2008년에는 노벨 평화상 후보에 오른 적도 있죠. 오브리는 우리가 음악가라면 조화롭게 연주해야 한다고 말했어요.

> **우리 모두를 각자 서로 다른 악기를 연주하는 오케스트라라고 생각해 보세요. 조화롭게 연주하는 사람이 충분히 모인다면 깜짝 놀랄 만한 일을 벌일 수 있답니다.**

창의력은 삶의 중요한 요소입니다. 미술, 음악, 시는 모든 게 순조롭게 흘러갈 때 누릴 수 있는 사치가 아니에요. 언제든 어떤 상황에서든 우리는 자기 자신을 표현할 줄 알아야 합니다. 전쟁터에서, 난민 수용소에서 혹은 만성 질환을 앓는 동안에도 아름다운 시를 쓴 사람들이 있어요. **예술은 절대 멈추지 않습니다.**

기후 변화에 대한 여러분의 생각과 감정을 드러낼 수 있는 몇 가지 방법을 알려 드릴게요.

### 시 쓰기

운율을 살릴지 살리지 않을지를 먼저 결정하세요. 길 수도 짧을 수도 있고, 슬픔을 자아내거나 축하하며 기리는 분위기로 쓸 수도 있답니다. 식물 또는 동물을 주제로 쓸 수도 있고요. 아니면 오롯이 여러분이 느끼는 감정으로만 써도 돼요. 심지어는 과학적인 시를 쓸 수도 있죠!

### 이야기 쓰기

상상력을 한껏 발휘해 이야기를 써 보세요. 아니면 사실을 바탕으로 글을 써 봐도 좋겠네요. 동화 같을 수도, 신문 기사 같을 수도 있겠죠. 당연히 슬프거나 무서운 이야기를 쓸 수도 있지만 재미있는 이야기를 쓸 수도 있어요. 때때로 아주 심각한 상황이 훌륭한 농담 덕분에 좋아질 때도 있거든요.

### 노랫말 쓰기

K-Pop 스타들이 기후 변화에 대해 더욱 목소리를 높인다면 좋지 않을까요? 오히려 그런 사람이 적다는 게 이상할 정도죠. 어쩌면 이 세상에는 기후 위기를 다룬 선풍적인 인기를 끄는 노래가 필요한지도 모르겠어요. 여러분이 직접 써 보세요. 부담을 느끼진 말고요!

### 일기 쓰기

일기 쓰기는 생각과 감정을 정리할 수 있는 좋은 방법입니다. 다른 사람이 뭐라고 생각할지 걱정할 필요 없이 뭐든 하고 싶은 말을 쏟아 낼 수 있어요. 혹시 나중에 이야기를 쓰거나 가사를 쓸 생각이 있다면, 일기는 정말 좋은 재료가 돼요.

### 편지 쓰기

친구나 존경하는 누군가에게 편지를 써 보세요. 기후 위기에 대처하기 위해 그 사람이 한 행동에 감사함을 담은 내용을 써서 보낼 수도 있겠네요. 아니면 공개편지를 써서 다른 사람들의 서명도 받아 보세요. 공개편지는 보통 공개서한이라고 하는데, 함께 뜻을 모아 의견을 드러낼 때 효과적이에요.

작별 인사는 제가 여러분만을 위해 지은 시로 대신할게요. 시 제목은 〈잎〉입니다. 여러분 마음에 들길 바라요. 이 책을 덮으면서 여러분도 직접 나만의 이야기를 쓰겠다는 마음이 샘솟기를 바랍니다.

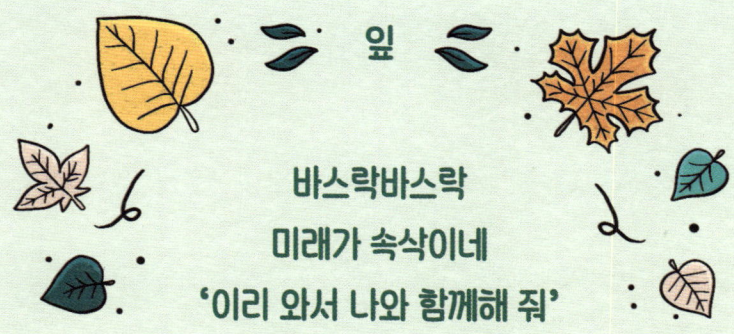

잎

바스락바스락
미래가 속삭이네
'이리 와서 나와 함께해 줘'

## 🐝 알아 두면 유익한 단어들

**교감신경계**  신체가 '싸우거나 피하는' 반응을 활성화할 수 있도록 돕는 신경망.

**기후 변화**  지구 기후의 변화. 특히 이산화탄소를 대량 배출함으로써 발생한 온도 상승을 일컬음.

**기후 불안감**  기후 변화로 닥칠 위기에 대한 걱정 때문에 괴로운 상태.

**기후활동가**  기후 위기에 대응하기 위해 연구하고 노력하며 앞장서 활동하는 사람들을 아우르는 말.

**남획**  바다의 특정 영역에서 물고기를 과도하게 많이 잡는 일. 이로써 물고기의 남은 개체 수가 줄어듦.

**내면의 비판자**  내면의 부정적인 목소리.

**부교감신경계**  스트레스를 받거나 위험한 상황이 지나고 난 뒤, 몸의 긴장을 완화하는 신경망.

**산업화**  농경 사회에서 벗어나 대부분 기계로 제품이 생산되는 사회로 바뀌어 나감.

**생태계**  특정 지역에 서식하는 모든 식물과 동물 그리고 이들 동식물과 환경 사이에 존재하는 밀접한 관계.

**생태적 사고**  지구상의 모든 것이 서로 연결되어 있어 어떤 행동이든 환경에 영향을 미칠 수밖에 없다는 생각.

**세계화**  교통과 통신의 발달로 무역과 문화 교류가 늘면서 세계가 서로 연결되어 가는 과정.

**인지 부조화**  두 가지 이상 반대되는 생각이나 믿음을 가짐으로써 생기는 초조함.

**자기 돌봄**  자기 자신의 정신적, 신체적 건강을 돌보는 습관.

**재생에너지**  태양, 바람처럼 고갈되지 않는 자연을 바탕으로 생산한 에너지.

**종**  서로 유사한 특성을 가지며 짝짓기를 할 수 있는 동물 또는 식물 집단.

**지속 가능**  환경에 피해를 아주 적게 입히거나 전혀 입히지 않아 오랫동안 계속할 수 있는 특성.

**탄소 중립**  지구 대기 중의 전체 이산화탄소량을 더는 늘리지 않는 것.

**티핑포인트**  작은 변화 또는 사건이 쌓이고 쌓여서 더욱 크고 영향력 있는 변화를 일으킬 수 있을 정도로 충분히 벌어지는 시점.

**패스트 패션**  빠른 속도와 낮은 비용으로 복제되듯 생산되는 의류. 이러한 의류는 보통 한 번 입고 버리는 경우가 많음.

**플렉시테리언**  채식주의자 중 가장 유연한 식습관을 지닌 사람을 일컫는 말로, 식물성 식품을 중심으로 이따금 붉은 고기나 생선을 먹음.

**화석 연료**  죽은 식물이나 동물이 땅속에 묻혀 형성된 석탄이나 기름과 같은 연료.

**회복 탄력성**  어려운 형편이나 처지에서 다시 회복할 수 있는 능력.

**회의주의**  대상의 나쁜 면을 보려는 경향 또는 어떤 상황에서든 최악을 생각하는 태도.

## 기후 위기 이해에 도움이 되는 자료들

어른의 도움을 받아 기후 위기를 더 깊이 이해하고 기후 불안감에 대처할 방법을 알아보세요.

**도서**  《어머니 지구를 살리는 녹색세대》 린다 실베르센, 토시 실베르센
《2050 거주불능 지구》 데이비드 월러스 웰즈
《기후 책》 그레타 툰베리
《나는 풍요로웠고 지구는 달라졌다》 호프 자런
《기후위기인간》 구희
《거꾸로 환경시계 탐구생활》 박숙현

**팟캐스트**  BBC 지구 아동용(BBC Earth Kids)  자연, 과학, 인류를 아름답게 담아냅니다.

**웹사이트**  BBC 도움이 필요한 어린이(BBC Children in Need)
bbcchildreninneed.co.uk/changing-lives/understanding-the-climate-crisis-and-eco-anxiety
기후 불안감에 대처할 수 있는 건강한 생활에 대한 도움과 자료를 제공합니다.

자연의 힘(Force of Nature) forceofnature.xyz
청년들이 기후 불안감을 자율성으로 바꿀 수 있는 힘을 기르는 데 도움을 주는 웹사이트입니다.

그린피스(Greenpeace Korea) greenpeace.org/korea/
자연 세계를 보호하는 데 열정을 품은 활동가들이 모인 공간입니다.

녹색연합 greenkorea.org
한국 자연을 지키기 위해 다양한 활동을 하는 환경 시민단체 웹사이트입니다. 기후 위기에 대한 사회 동향이나 최신 뉴스를 확인할 수 있습니다.